La Ciencia de Hacerse Rico

La Ciencia de Hacerse Rico

Por Wallace D. Wattles

Traducido por Rev. Roberto Sánchez

Diseño de la portada y diagramación por:
Dimas Orlando Rodríguez Cuello
www.dimasrodriguezc.com
e-mail:drc@dimasrodriguezc.com

ISBN: 1451589018

EAN: 9781451589016

LCCN: 2010905751

Impreso en Charleston, Carolina del Sur, Estados Unidos de América
Printed in Charleston, South Carolina, United States of America

Indice

Prólogo

Este libro llegó a mis manos por primera vez en inglés; no por casualidad, sino por causalidad.

He sido bendecido por haber tenido la oportunidad de leerlo para reconocer y apreciar el valor de sus enseñanzas. Ha sido el deseo de mi corazón ayudar a difundir estas enseñanzas, y por esto he decidido traducirlo al español, para que aquellos que no comprenden el inglés puedan también beneficiarse de sus enseñanzas. Me he esmerado en los detalles para que esta traducción sea lo mejor posible, usando un vocabulario sencillo y directo.

Visualizo que este libro será una bendición muy especial para toda la comunidad mundial hispana y también para los gobiernos hispano parlantes que deseen poner en práctica las enseñanzas de este libro en programas para combatir la pobreza en sus respectivos países.

Pienso que este libro nos ilustra cómo poner en práctica unos principios para hacernos ricos que en sí son leyes inmutables de justa acción. Nos exhorta a que busquemos lo que Butterworth llama nuestro "esplendor aprisionado."

El tema de la prosperidad y las riquezas me apasiona y he encontrado en este libro un tesoro que llevaré conmigo toda la vida.

Este libro llega a ti con la bendición y el deseo de que cuando lo leas seas inspirado más allá de toda limitación humana para que te hagas rico y que con tu buen ejemplo y conducta inspires a otros a hacer lo mismo. Circula estas enseñanzas y verás las grandes bendiciones que llegan a tu vida.

Rev. Roberto Sánchez
Traductor

Pragmático = Se refiere a la práctica, la ejecución o la realización de las acciones y no a la teoría o a la especulación.

Prefacio del Autor

Este libro es pragmático, no filosófico. Es un manual práctico, no un tratado en teorías. Está dirigido para aquellas personas cuya necesidad más apremiante es de dinero – para personas que quieren hacerse ricas primero y filosofar después. Es para aquellos, que hasta el momento, no han encontrado ni el tiempo, ni los medios, ni la oportunidad para profundizar en el estudio de la metafísica. Está dirigido a aquellas personas que desean resultados y que están dispuestas a tomar las conclusiones de la ciencia como base de acción – sin tener que ir por todos los procesos mediante los cuales se llegaron a esas conclusiones.

Espero que el lector tome mis declaraciones fundamentales por fe, así como toma declaraciones concernientes a la ley de acción eléctrica si éstas fuesen promulgadas por un Marconi o un Edison. Tomando estas declaraciones por fe, el lector comprobará la verdad que encierran, actuando sobre ellas sin miedo ni vacilación. Toda persona que haga esto, con seguridad se hará rica. La ciencia aplicada aquí es una ciencia exacta y el fracaso es imposible. Sin embargo, para beneficio de aquellos que deseen investigar las teorías filosóficas y así asegurar una base lógica para la fe, citaré aquí a algunas autoridades.

La teoría monista del Universo, la teoría de que el Uno es Todo y que el Todo es Uno, que una Substancia única se manifiesta como los aparentemente diversos elementos del mundo material, es de origen hindú y gradualmente ha ganado terreno dentro del pensamiento del mundo occidental por espacio de doscientos años. Esta teoría es el fundamento de todas las filosofías orientales y de las de Descartes, Spinoza, Liebnitz, Schopenhauer, Hegel y Emerson. El lector que desee profundizar en el fundamento filosófico de esto se le aconseja leer a Hegel y a Emerson.

Al escribir este libro yo he usado un estilo sencillo para que todos lo puedan entender. El siguiente plan de acción proviene de las conclusiones de la filosofía y ha sido comprobado minuciosamente y resiste la prueba suprema de cualquier experimento práctico: ¡funciona! Si deseas saber cómo se llegaron a estas conclusiones, lee los escritos de los autores antes mencionados. Y si deseas recoger el fruto de sus filosofías en la práctica real, lee este libro y haz exactamente lo que te dice que hagas.

El Autor

Capítulo 1

El Derecho de ser Rico

Sea lo que se diga en alabanza a la pobreza, el hecho es que no es posible vivir una vida realmente abundante o exitosa a menos que uno sea rico. Ninguna persona podrá alcanzar lo máximo en talento o desarrollo del alma a menos que tenga mucho dinero. Para desplegar el alma y desarrollar talento la persona tiene que utilizar muchas cosas, y ésta no puede tenerlas a menos que tenga el dinero para comprarlas.

Las personas desarrollan su cuerpo, mente y espíritu usando cosas y la sociedad está organizada de manera tal que las personas tienen que tener dinero para poder convertirse en poseedores de cosas. Por consiguiente, la base de todo progreso humano debe ser la Ciencia de Hacerse Rico.

El propósito de la vida es el desarrollo. Todo lo que vive tiene el derecho inalienable a todo el desarrollo que éste sea capaz de alcanzar.

El derecho de una persona a la vida, es su derecho de usar libremente y sin restricciones todas las cosas que sean necesarias para su más completo desarrollo físico, mental y espiritual. En otras palabras, es su derecho a ser rico.

En este libro, no hablaré de riquezas en una manera figurada. Ser realmente rico no significa estar satisfecho o conforme con un poco. Ninguna persona debe estar satisfecha con un poco si está en capacidad de usar y disfrutar más. El propósito de la naturaleza es el progreso y desarrollo de la vida. Cada persona debe contribuir lo más que pueda al poder, a la elegancia, a la belleza y a la riqueza de la vida. Contentarse con menos es pecaminoso.

La persona que tiene todo lo que desea para vivir la vida que es capaz de vivir, es rica. Nadie puede tener todo lo que desea sin mucho dinero. La vida ha progresado tanto y ha venido a ser tan compleja que aún la persona más común requiere una gran cantidad de riqueza para vivir apenas una vida abundante. Toda persona, naturalmente, desea convertirse en todo lo que pueda ser capaz de ser. Este deseo de realizar las posibilidades innatas es inherente en la naturaleza humana. No podemos evitar querer ser todo lo que podemos llegar a ser. El éxito en la vida es llegar a ser lo que tú quieres ser. Tú puedes llegar a ser lo que tú quieras ser solamente usando cosas y puedes usarlas libremente sólo en la medida que eres suficientemente rico para adquirirlas. Por consiguiente, lo más esencial de todo el conocimiento es la comprensión de la Ciencia de Hacerse Rico.

No hay nada malo en querer ser rico. El deseo de riqueza no es otro que el deseo de vivir una vida más rica, plena y abundante. Y ese deseo es digno de alabanza. La persona que no desea vivir más abundantemente no es una persona normal. Y la persona que no desea tener el dinero suficiente para comprar todo lo que desea tampoco es normal.

Existen tres razones por las cuales vivimos: vivimos para el cuerpo, la mente, y el espíritu. Ninguno de ellos es mejor o más sagrado que el otro. Cada uno es deseable y ni el cuerpo, ni la mente, ni el espíritu pueden vivir plenamente si alguno de éstos se le priva de vida plena y expresión. No es correcto ni noble vivir sólo para el espíritu y denegar la mente o el cuerpo. Es incorrecto vivir para el intelecto y denegar el cuerpo o el espíritu.

Todos estamos conscientes de las odiosas consecuencias de vivir para el cuerpo y denegar tanto la mente como el espíritu. Vemos que la vida real significa la expresión total de todo lo que una persona puede dar a través de su cuerpo, mente y espíritu. Ninguna persona puede estar verdaderamente feliz o satisfecha a menos que su cuerpo este funcionando plenamente y a menos que lo mismo sea cierto para su mente y su espíritu. Dondequiera que haya una posibilidad sin expresar o una función sin desempeñar, existe un deseo sin satisfacer. El deseo es la posibilidad buscando expresarse o la función buscando desempeñarse.

Una persona no puede vivir cabalmente en su cuerpo sin buen alimento, sin vestimenta cómoda, sin albergue acogedor y sin la libertad de exceso de trabajo. El descanso y la recreación son también necesarios para su vida física.

Una persona no puede vivir plenamente en su mente sin libros y sin el tiempo para estudiarlos, sin la oportunidad de viajar y observar, o sin compañía intelectual. Para vivir plenamente en su mente la persona tiene que tener recreación intelectual y debe rodearse a sí misma de todos los objetos de arte y belleza que sea capaz de usar y apreciar.

Para vivir plenamente en el espíritu la persona debe expresar amor. Y la expresión del amor es a menudo frustrada por la pobreza.

La mayor felicidad del individuo se encuentra en la concesión de beneficios a aquellos a quien ama. El amor encuentra su expresión más natural y espontánea en la dación. La persona que no tiene nada que dar no puede ocupar su lugar como cónyuge, como padre o madre, como ciudadano(a), o como ser humano. Es en el uso de las cosas materiales que la persona encuentra vida plena para su cuerpo, desarrollo de su mente y desenvolvimiento de su espíritu. Por consiguiente, es de suprema importancia ser rico.

Tienes el perfecto derecho a desear ser rico. Si eres una persona normal no puedes evitar desearlo. Tienes el perfecto derecho a querer dar tu mayor atención a la Ciencia de Hacerse Rico porque de todos los estudios éste es el más noble y necesario. Si abandonas o descuidas este estudio, eres negligente con tu deber para contigo mismo, para con Dios y para con la humanidad. No hay mayor servicio que puedas rendirle a Dios y a la humanidad que el de llegar a ser lo mejor de ti mismo.

Preguntas de Ayuda

1. ¿Cuál es el propósito de la vida?

2. ¿En qué consiste el derecho que tiene una persona a la vida?

3. ¿Cuál es el propósito de la naturaleza?

4. ¿Cuál es el deseo de toda persona?

5. ¿En qué consiste el éxito en la vida?

6. ¿En qué consiste el deseo de riqueza? Explique.

7. ¿Cuáles son las tres razones por las cuales vivimos?

8. ¿Qué es el deseo?

9. ¿Qué se necesita para vivir plenamente?

10. ¿En dónde encuentra el amor su expresión más natural y espontánea?

11. ¿Por qué o para qué debemos estudiar la Ciencia de Hacerse Rico?

NOTAS

Capítulo 2

Hay una Ciencia de Hacerse Rico

Hay una Ciencia de Hacerse Rico. Es una ciencia exacta, así como el álgebra o la aritmética. Hay ciertas leyes que gobiernan el proceso de adquirir riquezas. Una vez la persona aprende y obedece estas leyes, ésta se hará rica con exactitud matemática.

La posesión de dinero y propiedades viene como resultado de hacer las cosas de una **Manera Infalible**[1]. Aquellos que hacen las cosas de esta Manera Infalible, ya sean a propósito o accidentalmente, se hacen ricos. Aquellos que no hacen las cosas de esta Manera Infalible, sin importar lo mucho que trabajen o cuán capaces sean, permanecen pobres.

Es ley natural que causas similares siempre producen efectos similares. Por consiguiente, cualquier persona que aprenda a hacer las cosas de esta Manera Infalible inevitablemente se hará rica.

Los siguientes hechos muestran que la declaración anterior es verdadera.

Hacerse rico no es asunto de medioambiente. Si lo fuese, todas las personas de determinados lugares se harían ricas. Las personas en una ciudad serían todas ricas, mientras que aquellas de otros pueblos todas serían pobres. Los habitantes de un estado estarían nadando en las riquezas, mientras que aquellos, de un estado contiguo estarían en la pobreza.

---

1 Este nombre es la traducción que he hecho de la frase en inglés, "the Certain Way". Ver explicación al final de este capítulo.

Pero en todas partes vemos al pobre y al rico viviendo en el mismo vecindario, en el mismo medioambiente y a menudo dedicados a las mismas actividades. Cuando dos personas están en la misma localidad ejerciendo la misma actividad comercial y uno se hace rico mientras que el otro permanece pobre, demuestra que el hacerse rico no es primordialmente un asunto de medioambiente. Algunos medio-ambientes pueden ser más favorables que otros, pero cuando dos personas ejerciendo la misma actividad comercial están en la misma vecindad, y una se hace rica mientras que la otra fracasa, esto indica que el hacerse rico es el resultado de hacer las cosas de una Manera Infalible.

Y, más aún, la habilidad para hacer las cosas de esta Manera Infalible no se debe únicamente a la posesión de talentos, pues muchas personas que tienen grandes talentos permanecen pobres, mientras que otras que tienen muy poco talento se hacen ricas.

Si estudiamos las personas que se han hecho ricas, encontraremos que éstas son personas promedio en todos los aspectos y que no poseen mayores talentos y habilidades que otras personas. Es evidente que estas personas no se hacen ricas porque posean talentos y habilidades excepcionales. Se hacen ricas porque hacen las cosas de una Manera Infalible.

Hacerse rico no es consecuencia del ahorro o la frugalidad. Muchas personas muy tacañas son pobres, mientras que personas que gastan liberalmente a menudo se hacen ricas.

Tampoco hacerse rico es debido a hacer cosas que otros no logran hacer. Dos personas en la misma actividad comercial a menudo hacen casi exactamente las mismas cosas y uno se hace rico mientras que el otro permanece pobre o se va a la quiebra.

La Ciencia de Hacerse Rico
Traducción del Rev. Roberto Sánchez

De todo esto, tenemos que concluir que el hacerse rico es el resultado de hacer las cosas de una Manera Infalible.

Si hacerse rico es el resultado de hacer las cosas de una Manera Infalible, y si causas similares siempre producen efectos similares, entonces cualquier persona que pueda hacer las cosas de esa manera puede hacerse rica. Y todo este asunto puede enmarcarse dentro del dominio de una ciencia exacta.

La interrogante que surge es, si esta Manera Infalible de hacer las cosas pudiera ser tan difícil que sólo unos pocos puedan seguirla. Como hemos visto, esto no puede ser cierto en cuanto a habilidad natural se refiere. Personas talentosas se hacen ricas y personas ineptas se hacen ricas. Personas intelectualmente brillantes se hacen ricas y personas muy torpes se hacen ricas. Personas físicamente fuertes se hacen ricas y personas débiles y enfermizas se hacen ricas.

Cierto grado de destreza para pensar y entender es, por supuesto, esencial. Pero, en cuanto a habilidad natural se refiere, cualquier persona que tenga suficiente sensatez para leer y entender estas palabras puede con seguridad hacerse rico.

Aunque hemos visto que esto no es asunto de medioambiente, la localización tiene algo que ver. Uno no iría al corazón del Sahara esperando hacer negocios exitosos.

El hacerse rico envuelve la necesidad de relacionarse con personas y estar donde haya personas con quien tratar. Y si estas personas están inclinadas a comercializar de la manera que deseas comercializar, mucho mejor. Pero, hasta ahí es que cuenta el medioambiente. Si cualquiera en tu pueblo puede hacerse rico, tú también puedes. Si cualquiera en tu estado puede hacerse rico, tú también puedes.

Nuevamente, no es un asunto de escoger algún tipo de negocio o profesión en particular. Las personas se hacen ricas en todos los negocios y en todas las profesiones, mientras que los vecinos de al lado en la misma actividad permanecen en la pobreza.

Es cierto que te desempeñarás mejor en un negocio que te guste. Y si tienes ciertos talentos que están bien desarrollados, te desempeñarás mejor en un negocio que requiera el ejercicio de esos talentos.

En adición, te desempeñarás mejor en un negocio que sea apropiado para tu localidad. Una heladería se desempeñará mejor en un clima cálido que en Groenlandia. Una industria pesquera de salmón tendrá más éxito en el Noroeste de los Estados Unidos que en la Florida donde no hay salmón.

Pero aparte de estas limitaciones generales, hacerse rico no depende de que te dediques a un negocio en particular, sino en aprender a hacer las cosas de una Manera Infalible. Si estás en estos momentos en un negocio, y alguien más en tu localidad se está haciendo rico en el mismo negocio, mientras que tú no lo estás – es porque no estás haciendo las cosas de la misma manera que las hace la otra persona.

A nadie se le impide hacerse rico por falta de capital. La verdad es, que a medida que obtienes capital, su aumento viene a ser más fácil y rápido. Pero el que tiene capital ya es rico y no necesita saber cómo hacerse rico. No importa cuán pobre puedas ser, si empiezas a hacer las cosas de una Manera Infalible, comenzarás a hacerte rico y comenzarás a tener capital. La obtención de capital es parte del proceso de hacerse rico. Es parte del resultado que invariablemente se obtiene de hacer las cosas de una Manera Infalible.

Podrías ser la persona más pobre del continente y estar profundamente endeudado, podrías no tener amistades, ni influencias, ni recursos. Pero si comienzas a hacer las cosas de esta Manera Infalible, comenzarás infaliblemente a hacerte rico debido a que causas similares tienden a producir efectos similares. Si no tienes capital, puedes obtener capital. Si estás en el negocio equivocado, puedes entrar en el negocio correcto. Si estás en la localización errónea, puedes irte a la localización correcta. Y lo puedes hacer, *comenzando en tu negocio y localización actual* a hacer las cosas de una Manera Infalible que cause éxito.

<u>Nota del traductor</u>:

La frase "the Certain Way" es utilizada por el autor a través de todo el libro que originalmente fue escrito en inglés. No es fácil conseguir un término en español que exprese todo lo que expresa esta frase en su idioma original.

Cuando el autor utiliza esta frase se refiere a una manera particular y específica de pensar, actuar y vivir.

La palabra "certain" tiene varios significados tales como:

- seguro; que va a ocurrir con seguridad, sin lugar a dudas

- inevitable

- confiable

- particular, cierto(a), determinado(a)

Estuve buscando un término es español que pudiera expresar lo mejor posible lo que expresa la frase "the Certain Way" en inglés.

Me vinieron a la mente varias frases tales como: una manera determinada, una manera específica, una manera particular, una manera segura. He visto una traducción usando el término "una cierta manera".

Luego de un tiempo de reflexión decidí traducir esta frase como **"la Manera Infalible"**.

La palabra infalible significa "que no pude fallar o equivocarse", "seguro, cierto".

En cierto sentido hacer las cosas de una Manera Infalible es hacerlas de una manera determinada, una manera específica, una manera particular, una manera segura.

Si un proceso es infalible significa que una vez se complete, el resultado va a ocurrir con seguridad, sin lugar a dudas, inevitablemente; significa que el proceso es confiable y seguro pues el resultado no puede fallar.

El pensar, actuar y vivir pertenece al reino de las causas. Existe una ley universal de justa acción que se encarga de movernos de las causas a los efectos. El proceso de movernos de las causas a los efectos es un proceso infalible porque está sujeto a esta ley universal, que no puede fallar, pues "causas similares producen efectos similares." El resultado va a ocurrir con seguridad, sin lugar a dudas, inevitablemente; el proceso es confiable y seguro pues el resultado no puede fallar.

Esta ley se conoce por varios nombres pero es la misma ley. Su nombre más común es la Ley de Causa y Efecto. También se conoce como la de Siembra y Cosecha, la Ley de Radiación y Atracción, la Ley de Dar [y recibir], la Ley de Acción y Reacción, la Ley de Acción Mental.

En la Biblia encontramos varias citas que expresan este mismo principio:

- "No juzguéis para que no seáis juzgados, porque con el juicio con que juzgáis seréis juzgados, y con la medida con que medís se os medirá". (Mateo 7:1,2)[2]

---

2 Todas las citas bíblicas son de la Santa Biblia Reina-Valera 1995 Edición de Estudio

- "El que siembra escasamente, también segará escasamente; y el que siembra generosamente, generosamente también segará." (2 Corintios 9:6)

- Dad y se os dará;..." (Lucas 6:38)

- "Pedid, y se os dará; buscad, y hallaréis; llamad, y se os abrirá, porque todo aquel que pide, recibe; y el que busca, halla; y al que llama, se le abrirá". (Mateo 7:7,8)

- "...porque cuales son sus pensamientos íntimos, tal es él." (Proverbios 23:7)

De modo que hacer las cosas de una **Manera Infalible** en cuanto a este libro se refiere significa pensar, actuar y vivir conforme a la Verdad, tal como fue expresada y demostrada por el Maestro Jesucristo. Jesucristo fue un Triunfador y Sus demostraciones son testimonios eternos de esta gran Verdad.

"...acuérdate de Jehová, tu Dios, porque él es quien te da el poder para adquirir las riquezas." (Deuteronomio 8:18)

Siguiendo estos lineamientos podemos concluir que cuando pensamos, actuamos y vivimos de la **Manera Infalible** el fracaso es imposible y el éxito está asegurado.

Preguntas de Ayuda

1. ¿Qué es la Ciencia de Hacerse Rico?

2. ¿Como resultado de qué viene la posesión de dinero y propiedades?

3. ¿Qué significa hacer las cosas de una Manera Infalible?

4. ¿Es el medioambiente un factor importante para uno hacerse rico?

5. ¿Es la posesión de talentos determinante para uno hacerse rico?

6. ¿Conllevan el ahorro y la frugalidad a la riqueza?

7. ¿Nos hacemos ricos al hacer cosas que otros no logran hacer?

8. ¿Qué nos hace ricos?

9. ¿Qué es esencial para hacernos ricos? ¿Qué es necesario para hacernos ricos?

10. ¿Qué es importante para hacerse rico?

11. ¿El hacernos ricos depende de algún negocio en particular?

12. ¿Qué papel desempeña el capital en el proceso de hacerse rico?

13. ¿Qué ocurre cuando comenzamos a hacer las cosas de una Manera Infalible?

NOTAS

Capítulo 3

¿Está Monopolizada la Oportunidad?

Nadie permanece en la pobreza porque se le haya quitado la oportunidad o porque otras personas hayan monopolizado la riqueza cercándola con una valla. Podrías decidir no dedicarte a ciertos tipos de negocios, pero existen otros canales abiertos para ti.

La corriente de oportunidades se mueve en distintas direcciones, conforme a las necesidades de la mayoría y a la etapa particular que vive la evolución social en distintos períodos [de su existencia]. En el presente, en América, hay abundancia de oportunidades para las personas que van con la corriente, pero no para los que tratan de nadar en contra de ésta.

De modo que a la fuerza trabajadora, ya sea como individuos o como una clase social, no se les priva de la oportunidad [de hacerse ricos]. Los empleadores o patrones no mantienen a los trabajadores limitados. Tampoco los poderes de las grandes empresas pueden impedir la movilidad de la clase trabajadora. Como clase social, ellos están donde están porque ellos hacen las cosas de una Manera Particular. Si los trabajadores de América decidieran seguir el ejemplo de otros países, podrían establecer grandes tiendas por departamento y cooperativas. Podrían elegir personas de su propia clase social a puestos directivos y aprobar legislación favoreciendo el desarrollo del cooperativismo. Y en pocos años podrían apropiarse pacíficamente del sector industrial.

Cuando la clase trabajadora comience a hacer las cosas de una Manera Infalible, ésta podrá convertirse en la clase dominante. La ley de la riqueza es la misma para ellos como lo es para cualquier otro grupo. Deben aprender lo siguiente: los trabajadores permanecerán donde están mientras continúen haciendo lo que hacen. Sin embargo, al trabajador individual no se le mantiene limitado por la ignorancia o la pereza mental de su clase social; éste puede ir tras la corriente de oportunidades hacia las riquezas. Y este libro te dirá cómo hacerlo.

Nadie permanece en la pobreza por falta de riquezas. Hay más que suficiente para todos. Un palacio tan grande como el capitolio en Washington puede ser construido para cada familia en la tierra de los materiales de construcción disponibles sólo en los Estados Unidos. Bajo un cultivo intenso, este país puede producir suficiente lana, algodón, lino y seda, en cantidades suficientes para vestir a cada persona en el mundo, mejor de lo que fue vestido Salomón en toda su gloria, al igual que comida para alimentarlos opulentamente.

La provisión visible es prácticamente inagotable. Y la provisión invisible es Verdaderamente inagotable.

Todo lo que ves en la tierra está hecho de una Substancia Original, de la cual todas las cosas proceden. Nuevas Formas están apareciendo constantemente y las viejas se están disolviendo, pero todas ellas se originan de la misma Substancia.

No hay límites para la provisión de la Informe Substancia Original. El Universo está hecho de esta substancia, pero no toda se utilizó en la creación del Universo. Los espacios dentro, a través y entre las formas del Universo visible son impregnados y llenados con esta Substancia Original – que es la materia prima de todas las cosas. Todavía pueden hacerse diez mil Universos, y aún así, la provisión de materia prima universal no será agotada.

Por consiguiente, ninguna persona es pobre porque la naturaleza sea pobre o porque no haya suficiente para todos.

La naturaleza es un almacén inagotable de riquezas. La provisión nunca se agotará. Esta Substancia Original está llena de vida con energía creativa y está constantemente produciendo nuevas formas. Cuando la provisión de materiales de construcción se agote, se producirá más. Cuando el terreno fértil se haya agotado y los alimentos y los tejidos para la vestimenta no puedan crecer más sobre éste, éste será renovado o más terreno fértil será creado. Cuando todo el oro y la plata hayan sido extraídos de la tierra – si los seres humanos todavía permanecen en esa etapa del desarrollo social en donde se necesita oro y plata – más será producido de lo Informe. La Substancia Informe responde a las necesidades de los humanos y no dejará que estén sin toda cosa buena.

Esto es verdad para el ser humano colectivamente. La raza como tal es siempre abundantemente rica. Si las personas son pobres, es porque ellas no van tras la Manera Infalible de hacer las cosas que hacen rico al individuo.

La Substancia Informe es inteligente; es pensante. Está llena de vida y siempre impulsándose hacia mayor vida.

El impulso natural e inherente de la vida es buscar vivir más. La naturaleza de la inteligencia es expandirse y la cualidad de la conciencia es buscar extenderse a sus límites para encontrar mayor expresión. El Universo de formas [o el Universo material] ha sido creado por la Substancia Informe Viviente, moldeándose a sí misma para expresarse más cabalmente.

El Universo es una gran Presencia Viviente, siempre moviéndose inherentemente hacia mayor vida y a un funcionamiento más completo.

La naturaleza se forma para el progreso de la vida; su motivo impulsor es el crecimiento de la vida. Por esta razón, todo lo que posiblemente pueda ministrar vida es provisto abundantemente. No puede haber escasez a menos que Dios se contradiga a Sí mismo y anule Su propia creación.

No permaneces pobre porque haya insuficiencia en la provisión de riquezas. De hecho, más adelante demostraré que aún los recursos de la provisión informe obedecen al mandato de cualquier persona que actúe y piense de una Manera Infalible.

Preguntas de Ayuda

1. ¿Está monopolizada la oportunidad de hacerse rico?

2. ¿Se le priva a la clase trabajadora la oportunidad de hacerse rico?

3. ¿Mantienen los empleadores a sus empleados limitados?

4. ¿Por qué la clase trabajadora está donde está?

5. ¿Permanecemos en la pobreza por falta de riqueza?

6. ¿Se puede agotar la provisión visible e invisible?

7. ¿De qué está hecho todo lo que ves en la tierra?

8. ¿Es la naturaleza pobre?

9. ¿Qué contiene la Substancia Original?

10. ¿Responde la Substancia Informe a las necesidades de los humanos?

11. ¿Cuál es el impulso natural de la vida?

12. ¿Qué es el Universo?

13. ¿Para qué y por qué se forma la naturaleza?

14. ¿Puede haber escasez?

15. ¿Obedecen los recursos de la Provisión Informe al mandato de cualquier persona?

NOTAS

Capítulo 4

El Primer Principio en la Ciencia de Hacerse Rico

El PENSAMIENTO es el único poder que puede generar riquezas tangibles de la Substancia Informe. Todas las cosas están hechas de una substancia que piensa. El pensamiento de *una forma* [impreso] en esta substancia produce *esa forma*.

La Substancia Original se mueve conforme a sus pensamientos. Toda *forma* y proceso que ves en la naturaleza es la expresión visible de un pensamiento en la Substancia Original. A medida que esta Substancia Informe piensa en *una forma*, adquiere *esa forma*; a medida que ésta piensa en un movimiento, hace ese movimiento. Esta es la manera en que todas las cosas fueron creadas. Vivimos en un mundo pensante y este mundo es parte de un Universo pensante.

El pensamiento de un Universo en movimiento extendiéndose por toda la Substancia Informe y lo que resultó de ese pensamiento, tomó *la forma* de sistemas de planetas y continúa manteniendo *esa forma*. La Substancia Pensante adquiere *la forma* de su pensamiento y se mueve conforme a ese pensamiento. El sostenimiento de la idea [en la Mente Divina] de un sistema orbital de soles y mundos, tomó *la forma* de estos cuerpos y los movilizó en consecuencia.

Aunque puedan requerirse siglos para hacer la obra, pensando en *la forma* de un árbol de crecimiento lento, la Substancia Informe produce el árbol. Durante el proceso de creación, la Substancia Informe parece moverse conforme a los patrones de movimiento que ha establecido. El pensamiento de un árbol de roble no causa la formación instantánea de un árbol desarrollado completamente, pero pone en movimiento las fuerzas que generarán el árbol a lo largo de determinados patrones establecidos de crecimiento.

Todo pensamiento de *una forma*, sostenido en la Substancia Pensante, causa la creación de *esa forma* – aunque siempre, o al menos generalmente, a lo largo de patrones de acción y crecimiento ya establecidos.

Si el pensamiento de una casa de determinada construcción fuese impreso en la Substancia Informe, puede que no cause la formación instantánea de esa casa. Pero causaría que energías creativas ya operando en la industria y en el comercio giren hacia los canales que resulten en la construcción rápida de la casa. Y si no hubiese canales existentes por los cuales la energía creativa pudiese operar, la casa sería formada directamente de la Substancia Original, sin esperar por los lentos procesos del mundo orgánico e inorgánico.

Ningún pensamiento de una forma puede ser impreso en la Substancia Original sin causar la creación de esa forma.

Un ser humano es un centro pensante y puede originar pensamientos. Todas *las formas* que una persona moldea con sus manos deben primero proceder de su pensar. No puede moldear algo que no haya pensado antes.

Y, hasta el momento, el ser humano ha confinado sus esfuerzos totalmente al trabajo de sus manos; éste ha aplicado el trabajo manual al mundo de *las formas* –buscando modificar *formas* ya existentes. Nunca ha pensado en tratar de crear nuevas *formas* imprimiendo sus pensamientos en la Substancia Informe.

Cuando una persona tiene *una forma* pensada, ésta toma material de *las formas* de la naturaleza y construye una imagen de *la forma* que está en su mente. Hasta el momento, el ser humano ha hecho poco o ningún esfuerzo para cooperar con la Inteligencia Informe – en trabajar 'con el Padre.' El ser humano no ha concebido que pueda hacer "lo que ve hacer al Padre." (Juan 5:19) El ser humano re-moldea y modifica *formas* existentes por medio del trabajo manual. El ser humano no ha considerado la idea de ver si puede crear cosas de la Substancia Informe comunicando sus pensamientos a ésta. Me propongo probar que se puede hacer, probar que cualquier persona puede hacerlo y demostrar cómo hacerlo. Mi primer paso es establecer tres proposiciones fundamentales.

Primero, aseguramos que existe una Substancia Original informe de la cual todas las cosas proceden. Toda la aparente diversidad de elementos son sólo diferentes presentaciones de un elemento. Todas las diversas *formas* encontradas en la naturaleza orgánica e inorgánica son sólo distintas *modalidades* de la misma substancia. Y esta substancia es una cosa pensante; un pensamiento sostenido en ésta, produce *la forma* de lo pensado. El pensamiento, en la Substancia Pensante, produce *formas*. Un ser humano es un centro pensante, capaz del pensamiento original. Si la persona puede comunicar su pensamiento a la Substancia Original Pensante, ésta puede causar la creación o formación de la cosa en la que piensa. Para resumir esto:

Existe una Substancia Pensante de la cual todas las cosas proceden, y que en su estado original, impregna, penetra, y llena los entre-espacios del Universo.

La Ciencia de Hacerse Rico
Traducción del Rev. Roberto Sánchez

Un pensamiento [impreso] en esta substancia produce la cosa que es moldeada por el pensamiento.

Una persona puede moldear cosas con su pensar, e imprimiendo su pensar sobre la Substancia Informe, puede crear la cosa que piensa.

Se me puede preguntar si puedo probar estas declaraciones, y sin entrar en detalles respondo que sí puedo probar estas declaraciones por medio de la lógica y la experiencia. Razonando retrospectivamente, del fenómeno de *la forma* y el pensamiento, llego a la Substancia Pensante Original. Y, razonando prospectivamente, de esta Substancia Pensante, llego al poder del individuo de *formar* la cosa que piensa.

Por mediode la experimentación, encuentro que este razonamientoesverdaderoyestaesmipruebamáscontundente. Si una persona que lee este libro se hace rica haciendo lo que le digo que haga, esto es evidencia en apoyo a mi reclamo. Es más, si cada persona que hace lo que le digo se hace rica, esto es prueba positiva hasta que alguien siga el proceso y falle. La teoría es cierta hasta que el proceso falle, y este proceso no fallará porque toda persona que haga exactamente lo que este libro le dice que haga, se hará rica.

He dicho que un individuo se hace rico haciendo las cosas de una Manera Infalible. Para hacerlo así, una persona debe ser capaz de pensar de una Manera Infalible.

La manera de una persona hacer las cosas es el resultado directo de la manera que piensa acerca de las cosas.

Para hacer las cosas de una manera que desees hacerlas, tendrás que adquirir la habilidad de pensar en la manera que deseas pensar. Este es el primer paso para hacerse rico.

Pensar lo que quieres pensar es pensar la VERDAD sin importar las apariencias.

Toda persona tiene el poder natural e inherente de pensar lo que desee pensar, pero requiere mucho más esfuerzo hacerlo así que lo que se requiere para pensar los pensamientos que son sugeridos por las apariencias. Pensar, conforme a las apariencias, es fácil. Pensar la Verdad sin importar las apariencias, es laborioso y requiere el empleo de más poder que cualquier otro trabajo que la persona vaya a desempeñar.

No hay trabajo que la mayoría de la gente le huya más, que el de sostener un pensamiento consecuentemente; es el trabajo más difícil del mundo. Esto es especialmente verdadero cuando la verdad es contraria a las apariencias. Cada apariencia en el mundo visible tiende a crear *una forma* correspondiente en la mente que la observa. Esto se puede prevenir sosteniendo el pensamiento en la VERDAD.

Mirar la apariencia de enfermedad sólo creará *la forma* de la enfermedad en tu propia mente y finalmente en tu cuerpo. Por el contrario, debes sostener el pensamiento de la *verdad,* que es que no existe la enfermedad. La enfermedad es solo una apariencia, y la realidad es la salud.

Mirar la apariencia de pobreza creará *las formas* correspondientes en tu propia mente. Por el contrario, debes sostener la Verdad de que no existe pobreza. Sólo existe abundancia.

Se requiere poder para pensar en salud, cuando estamos rodeados de apariencias de enfermedad, o para pensar en riqueza cuando estamos en medio de apariencias de pobreza. Pero la persona que adquiere este poder obtiene dominio de su mente y puede conquistar el destino y tener lo que desee.

Este poder puede ser adquirido sólo apropiándose de la realidad subyacente en toda apariencia: y ésta es que hay una Substancia Pensante, de la cual y por la cual todas las cosas son hechas.

Entonces, debemos apropiarnos de la verdad de que todo pensamiento sostenido en esta substancia adquiere *una forma* y que una persona puede imprimir su pensamiento sobre esta substancia de manera tal que adquiera *forma* y se haga cosa visible.

Cuando entendemos esto, dejamos ir toda duda y temor porque sabemos que podemos crear lo que queremos crear. Podemos obtener lo que queremos tener y podemos llegar a ser lo que deseemos ser. Como primer paso para hacerse rico, debes creer en las tres declaraciones fundamentales dadas en este capítulo previamente. Para enfatizarlas, las repetiré aquí:

Existe una Substancia Pensante de la cual todas las cosas proceden, y que en su estado original, impregna, penetra, y llena los entre-espacios del Universo.

Un pensamiento [impreso] en esta substancia produce la cosa que es moldeada por el pensamiento.

Una persona puede moldear cosas con su pensar, e imprimiendo su pensar sobre la Substancia Informe, puede crear la cosa que piensa.

Debes echar a un lado todos los otros conceptos del Universo excepto este monismo. Debes morar en este concepto hasta que se fije en tu mente y se convierta en tu pensamiento habitual. Lee estos credos una y otra vez. Fija cada palabra en tu memoria, y medita en éstas hasta que creas firmemente en lo que dicen. Si la duda te sobreviene, deshazte de ella como si fuese un pecado. No escuches argumentos en contra de esta idea; no vayas a iglesias o charlas en donde conceptos contrarios a esta idea se enseñen o prediquen. No leas revistas o libros que enseñen una idea distinta. Si tu fe flaquea, todos tus esfuerzos serán en vano.

No preguntes por qué estas cosas son verdaderas, ni especules acerca de cómo pueden ser verdaderas. Sencillamente tómalas por fe.

La Ciencia de Hacerse Rico comienza con la aceptación absoluta de esta verdad.

Preguntas de Ayuda

1. ¿Cuál es el único poder que puede generar riquezas tangibles de la Substancia Informe?

2. ¿De qué están hechas todas las cosas?

3. ¿A qué obedece toda forma y proceso en la naturaleza?

4. ¿Cómo creó la mente Divina el Universo?

5. ¿Qué ocurre cuando imprimimos el pensamiento de una *forma* en la Substancia Pensante u Original?

6. ¿Qué es el ser humano?

7. Hasta el momento el ser humano ha hecho poco o ningún esfuerzo en trabajar 'con el Padre'. El ser humano no ha concebido que puede "hacer lo que ve al Padre hacer." Explique.

8. ¿Cuál es el primer paso para que el ser humano pueda crear formas de la Substancia Informe?

9. ¿Cuál es el primer paso para hacerse rico?

10. ¿Qué ocurre cuando nos fijamos en las apariencias?

11. ¿Qué ocurre cuando nos centramos en la Verdad?

12. ¿Qué podemos decir en torno a la enfermedad y la pobreza?

13. ¿Qué se requiere para pensar en salud cuando estamos rodeados de apariencias de enfermedad?

14. ¿Cuál es la realidad subyacente en toda apariencia?

15. ¿Cuáles son las tres declaraciones fundamentales que debemos creer como primer paso para hacernos ricos?

NOTAS

Capítulo 5

Vida Creciente

Debes deshacerte del último vestigio de la antigua idea de que existe una Deidad cuyo deseo es que seas pobre o de que sus propósitos se cumplirán manteniéndote en la pobreza. [Dios te ama y desea que vivas una vida abundante.]

La Substancia Inteligente, que lo es TODO, está en TODO, vive en TODO y vive en ti, es una Substancia conscientemente viviente. Siendo una substancia conscientemente viviente, debe tener el deseo inherente y natural de toda inteligencia viviente que es el crecimiento de la vida. Toda cosa viviente debe buscar continuamente la ampliación de su vida porque la vida – por el mero hecho de vivir – debe incrementarse.

Una semilla, tirada en el suelo, brota en actividad, y en el acto de vivir, produce cien semillas más. La vida, viviendo, se multiplica a sí misma. Siempre crece; y tiene que ser así para continuar existiendo.

La inteligencia tiene la misma necesidad de crecimiento continuo. Cada pensamiento que pensamos hace necesario que pensemos otro pensamiento. La consciencia se está expandiendo continuamente. Todo dato que aprendemos nos lleva a aprender otro dato. El conocimiento está creciendo continuamente. Cada habilidad que cultivamos nos trae a la mente el deseo de cultivar otra habilidad. Estamos sujetos al impulso de la vida. Buscando expresar este impulso, somos impulsados a saber más, a hacer más, y a ser más.

Para saber más, hacer más, y ser más, tenemos que tener más. Tenemos que tener cosas para usar porque aprendemos, hacemos y somos sólo usando cosas. Tenemos que hacernos ricos para vivir más.

El deseo por las riquezas es simplemente la capacidad de mayor vida buscando culminarse; cada deseo es el esfuerzo de una posibilidad no expresada de entrar en acción. El deseo es *poder* buscando manifestarse. Eso que te hace querer más dinero es lo mismo que hace que la planta crezca. Es Vida, buscando mayor expresión.

La Única Substancia Viviente, debe estar sujeta a esta ley inherente en toda vida. Está impregnada del deseo de vivir más, por eso es que tiene la necesidad de crear cosas.

Debido a que esta Substancia desea mayor vida en ti, ésta desea que tengas todas las cosas que puedas usar.

El deseo de Dios es que te hagas rico. Dios quiere que te hagas rico porque Él se puede expresar mejor a través de ti si tienes abundancia de cosas que puedas usar para darle expresión a Él. Dios puede vivir más en ti si tienes un control ilimitado de los medios de vida.

El Universo desea que tengas todo lo que quieras tener.

La naturaleza es amiga de tus planes.

Todo es naturalmente para ti.

Ten la seguridad de que esto es verdadero.

Sin embargo, es esencial que *tu propósito armonice con el propósito que hay en Todo.*

Tienes que desear verdadera vida, no meramente placer o gratificación sensual. La vida es el desempeño de funciones y el individuo realmente vive cuando él desempeña sin excesos cada función física, mental y espiritual de las que él sea capaz.

No desearás hacerte rico para vivir canallescamente para la gratificación de deseos animales. Eso no es vida. Pero el desempeño de todas las funciones físicas es una parte de la vida y nadie que se abstenga a la expresión normal y saludable de los impulsos del cuerpo vivirá plenamente.

No desearás hacerte rico sólo para disfrutar de placeres mentales, o para adquirir conocimientos, o para satisfacer la ambición, o para brillar más que los demás, o para ser famoso. Todas estas cosas son una parte legítima de la vida; sin embargo, la persona que vive únicamente para los placeres del intelecto tendrá sólo una vida parcial. Y nunca estará satisfecha con su fortuna.

No desearás hacerte rico sólo por el bien de los demás. Ni tampoco querrás envolverte en la salvación de la humanidad o para experimentar sólo el gozo de la filantropía y el sacrificio. El gozo del espíritu es sólo parte de la vida. No es ni mejor ni más noble que cualquier otra parte.

Desearás hacerte rico para que puedas comer, beber y estar feliz cuando sea el momento de hacer esas cosas. Desearás hacerte rico para que puedas rodearte de cosas hermosas, visitar tierras lejanas, alimentar tu mente y desarrollar tu intelecto. Desearás ser rico para que puedas amar a las personas, para que puedas hacer cosas amables y para ser capaz de desempeñar una parte importante en ayudar al mundo a encontrar la verdad.

Pero, recuerda que el altruismo extremo no es ni mejor ni más noble que el egoísmo extremo. Ambas posturas son erróneas.

Deshazte de la idea de que Dios quiere que te sacrifiques por otros y de que puedes congraciarte con Él actuando así. Dios no requiere nada de eso. Lo que Él quiere es que seas lo mejor que puedas ser para ti, y para los demás. *Y puedes ayudar más a los demás, siendo lo mejor que puedas ser que de cualquier otra manera.*

Puedes ser lo mejor que puedas ser solamente haciéndote rico. Por consiguiente, es justo y digno de alabanza que dediques tu primer y mejor pensamiento a la labor de adquirir riquezas.

Sin embargo, recuerda, que el deseo de Substancia es de todos. Sus movimientos deben ser para crear mayor vida a todos; no puede ser creada para dar menos vida a nadie ya que Ésta, está buscando riquezas y vida en todo y en todos.

La Substancia Inteligente hará cosas para ti, pero no tomará cosas de alguna otra persona para dártelas a ti.

Debes deshacerte del pensamiento de competencia. Vas a crear y no a competir por lo que ya está creado.

No tienes que tomar nada de nadie.

Ni tienes que ser un negociante inescrupuloso.

No tienes que engañar para sacar ventaja. No debes permitir que ninguna persona trabaje para ti ganando menos de lo que gana en la actualidad.

No tienes que codiciar lo que es de otros ni mirar deseosamente. Nadie puede tener algo que tú no puedas tener. Y lo puedes tener sin tener que quitarle lo que él tiene.

Vas a convertirte en un creador, no en un competidor. Vas a obtener lo que quieres, pero de manera tal que cuando lo obtengas, todas las demás personas tendrán más de lo que tienen en este momento.

Estoy consciente de que hay personas que adquieren una enorme cantidad de dinero actuando en oposición directa a las directrices dadas en el párrafo anterior. Sin embargo, puedo ofrecer una explicación a esto. Aquellas personas del tipo plutocrático[3], que se hacen muy ricas, algunas veces lo hacen estrictamente por medio de sus habilidades extraordinarias en el plano de la competencia. Sin embargo, por ejemplo, ellos algunas veces, en sus contribuciones al crecimiento de la industria, inconscientemente armonizan con la Substancia grandes propósitos y movimientos [actividades] para el mejoramiento de la humanidad. Rockefeller, Carnegie, Morgan, y otros han sido los agentes inconscientes del Poder Supremo en la necesaria labor de sistematizar y organizar la industria productiva. Y al final, sus obras contribuyeron inmensamente al crecimiento de la vida de todos. Ellos organizaron la producción y *fueron prontamente sucedidos por los distribuidores, quienes organizaron el esquema de la distribución.*

---

3 Una Plutocracia es una forma de gobierno en el que el poder lo ostenta la clase social más poderosa económicamente. Predominio social de la clase más rica de un país.

La Ciencia de Hacerse Rico
Traducción del Rev. Roberto Sánchez

Los multimillonarios son como los reptiles monstruosos de la época prehistórica. Ellos desempeñan un rol en el proceso evolutivo, pero el mismo poder que los produjo dispondrá de ellos. Y es bueno entender que nunca han sido realmente ricos. Un historial de las vidas privadas de la mayoría de esta clase social demostrará que ellos han sido en realidad los más pobres y desdichados.

Las riquezas fundamentadas en el plano competitivo nunca son satisfactorias ni permanentes. Son tuyas hoy y mañana de otro. Recuerda que si vas a hacerte rico de una Manera Infalible y científica, debes salir completamente del pensamiento competitivo. Jamás debes pensar, ni por un instante, que la provisión es limitada. Caes en la mente competitiva en el momento en que comienzas a pensar que todo el dinero esta siendo "acorralado" y controlado por banqueros y otros, y que tú debes esforzarte para introducir legislación que detenga este proceso. Tu poder para crear desaparecerá temporalmente, y lo que es peor, probablemente detengas las actividades creativas que ya has establecido.

Ten presente que hay oro que vale incontables millones de dólares que no ha sido descubierto en las montañas de la tierra. Ten presente que si no hubiese más cantidad, sería creado de la Substancia Pensante para suplir tus necesidades. Ten presente que el dinero que necesitas vendrá – aún si fuese necesario llevar a mil personas al descubrimiento de nuevas minas de oro mañana.

Nunca mires la provisión visible; siempre mira las riquezas ilimitadas en la Substancia Informe y ten presente que éstas vienen a ti tan rápido como puedas recibirlas y usarlas. Nadie, acorralando la provisión visible, puede prevenir que obtengas lo que es tuyo.

Nunca te permitas pensar, ni por un instante, que si no te apresuras, los mejores terrenos para construir [viviendas] serán ocupados antes de que estés listo para construir la tuya. Nunca te preocupes por los trusts [sociedades] ni grupos empresariales, ni te pongas ansioso por temor a que ellos vengan a poseer toda la tierra. Nunca tengas miedo de que pierdas lo que deseas porque alguna otra persona "te haya superado." Esto es imposible que ocurra. No estás buscando cosas que sean de otras personas; estás causando que lo que deseas, sea creado de la Substancia Informe. Y la provisión es ilimitada. Sujétate a la [siguiente] declaración:

Existe una Substancia Pensante de la cual todas las cosas proceden, y que en su estado original, impregna, penetra, y llena los entre-espacios del Universo.

Un pensamiento [impreso] en esta substancia produce la cosa que es moldeada por el pensamiento.

Una persona puede moldear cosas con su pensar, e imprimiendo su pensar sobre la Substancia Informe, puede crear la cosa que piensa.

Preguntas de Ayuda

1. ¿Desea Dios que seamos pobres?

2. ¿Cuál es el deseo de la Substancia Inteligente omnipresente?

3. ¿Qué se entiende por el crecimiento de la vida?

4. ¿Estamos sujetos al impulso de la vida? Explique.

5. ¿Qué es el deseo? ¿Qué es el deseo por las riquezas?

6. ¿Cuál es el deseo de Dios para cada uno de nosotros?

7. ¿Es esencial que tu propósito armonice con el propósito que hay en Todo? Explique.

8. ¿Para qué debemos desear ser ricos?

9. ¿Qué es lo que Dios quiere para cada uno de nosotros?

10. ¿Qué debemos hacer con el pensamiento de competencia?

11. ¿En qué debemos convertirnos?

12. ¿Qué es una Plutocracia?

13. ¿Qué sucede con las riquezas fundamentadas en el plano competitivo?

14. ¿Qué sucede con las riquezas fundamentadas en el plano creativo?

15. ¿Cómo nos llegan las riquezas ilimitadas de la Substancia Informe?

Capítulo 6

Como te Llegan las Riquezas

Cuando digo que no tienes que ser un negociador inescrupuloso, no quiero decir que no tengas que negociar alguna vez, ni que estés por encima de la necesidad de tratar con otras personas. Lo que quiero decir es que no necesitas tratar con éstas injustamente; no tienes que obtener algo a cambio de nada. *Puedes darle a cualquier persona más de lo que obtienes de ella.*

No le puedes dar a una persona más valor monetario de lo que obtienes de ella, pero puedes darle más valor utilitario que el valor monetario que has tomado de ella. El papel, la tinta, y cualquier otro material en este libro puede que no valgan el dinero que pagaste por él. Pero, si las ideas en este libro te traen miles de dólares, no habrás sido engañado por aquellos que te lo vendieron. Ellos te han dado un gran valor utilitario por un pequeño valor monetario.

Supongamos que poseo un cuadro o pintura de uno de los grandes pintores que en cualquier comunidad civilizada vale miles de dólares. Me lo llevo a Baffin Bay[4], y por medio de la venta habilidosa induzco a un esquimal para que me dé un montón de pieles que valen $500 dólares. Realmente lo he engañado porque él no tiene utilidad para el cuadro. No tiene valor utilitario, y éste **no añade valor** a su vida.

---

4 Es un mar que se encuentra entre Nunavut, Canadá y Groenlandia. Está entre el océano Atlántico y el Ártico y no es navegable la mayor parte del año debido a la presencia de un gran número de témpanos de hielo.

Pero, supongamos que yo le doy un rifle que vale $50 dólares por sus pieles. Entonces él habrá hecho un buen negocio. Él tiene utilidad para el rifle; éste le conseguirá más pieles y más alimento; contribuirá a mejorar su vida en todos los aspectos; y lo hará rico.

Cuando sales del plano competitivo al plano creativo, puedes examinar tus transacciones comerciales minuciosamente. Si ves que le estás vendiendo algo a alguien que no contribuye a mejorar su vida más de lo que él te da a cambio, puedes darte el lujo de detener la transacción. No tienes que ser mejor que nadie en los negocios. Y si estás en el negocio de sacar ventaja a las personas, sal de éste inmediatamente.

Dale a todos más en valor utilitario de lo obtienes en valor monetario. Entonces, estarás contribuyendo a mejorar la vida del mundo con cada transacción de negocio.

Si tienes empleados, debes obtener de ellos más en valor monetario que lo que le pagas en salario. Pero, puedes organizar tu negocio para que éste se llene con el principio de ascenso [progreso]. Por consiguiente, cada empleado que desee hacerlo así progresará un poco todos los días.

Puedes hacer que tu negocio haga por tus empleados lo que este libro está haciendo por ti. Puedes dirigir tu negocio para que sea una escalera donde cada empleado deseoso pueda alcanzar las riquezas por sí mismo. Y, no es tu culpa si ellos no aceptan la oportunidad.

Aunque puedes hacer que tus riquezas surjan de la Substancia Informe que impregna todo nuestro medioambiente, esto no significa que tu fortuna tomará forma inmediatamente de la atmósfera y se materializará delante de ti.

Por ejemplo, si deseas una máquina de coser, yo sugeriría que antes de que imprimas el pensamiento de una máquina de coser en la Substancia Pensante, asegúrate primero de tener una imagen claramente formada en tu mente. Si quieres una máquina de coser, sostén la imagen mental de ésta con la mayor certeza positiva de que ésta está siendo construida o está en camino hacia ti. Una vez moldees el pensamiento, ten la absoluta e inquebrantable fe de que la máquina de coser viene. Nunca pienses ni hables de ésta sin sentirte confiado de que vendrá. Reclámala ya como tuya.

Llegará a ti por el poder de la Inteligencia Suprema, obrando en las mentes de las personas. Si vives en Maine, pudiese ser que una persona pueda venir de Texas o Japón para entrar en alguna transacción que resulte en que tú obtengas lo que deseas. De ser así, todo este asunto podría ser ventajoso tanto para esa persona como para ti.

No olvides, ni por un instante, que la Substancia Pensante está en todo, comunicándose con todo, y es capaz de influenciarlo todo. El deseo de la Substancia Pensante de plenitud y mejor vida ha causado la creación de todas las máquinas de coser que jamás hayan sido creadas, y causará la creación de muchas más. Esta lo hará cuando las personas la pongan en movimiento por medio del deseo y la fe y actuando de una Manera Infalible.

Puedes tener ciertamente una máquina de coser en tu casa. Puedes tener todo lo que quieras, siempre y cuando lo utilices para el progreso de tu propia vida y la vida de otras personas.

No tienes que dudar o vacilar en pedir en gran medida. Jesús dijo: "Es el placer del Padre daros el reino". (Paráfrasis de Lucas 12:32)

La Substancia Original desea vivir lo más posible en ti, ésta desea que tengas todo lo que puedas o vayas a utilizar para vivir la vida más abundante.

Tu fe se hace invencible si fijas en tu consciencia el hecho de que el deseo que sientes por la posesión de riquezas es uno con el deseo del Poder Supremo de expresarse más plenamente.

Una vez vi a un niño sentado en un piano tratando en vano de hacer melodía con las teclas. Vi que estaba afligido y enojado por su inhabilidad de tocar verdadera música. Le pregunté por qué estaba triste y él contestó, "Puedo sentir la música dentro de mí, pero no puedo hacer que mis manos se muevan correctamente." La música en él era el impulso de la Substancia Original, conteniendo todas las posibilidades de toda vida. Todo lo que es música buscaba expresarse a través del niño.

Dios, la Única Substancia, está tratando de vivir y obrar y disfrutar las cosas a través de la humanidad. Él nos dice, "Quiero manos para construir estructuras maravillosas, para tocar melodías divinas, pintar cuadros gloriosos. Quiero pies para hacer Mis diligencias, ojos para ver Mis bellezas, lenguas para decir verdades poderosas y para cantar canciones maravillosas."

Todo lo que es posible está buscando expresión a través de los seres humanos. Dios quiere que aquellos que deseen tocar música tengan los instrumentos que ellos necesiten y que tengan los medios para cultivar sus habilidades al máximo. El quiere que aquellos que puedan apreciar la belleza sean capaces de rodearse de cosas hermosas. Él quiere que aquellos que puedan discernir la verdad tengan todas las oportunidades de viajar y observar. Él quiere que aquellos que puedan apreciar la vestimenta sean vestidos hermosamente y aquellos que puedan apreciar la buena comida sean lujosamente alimentados.

Dios desea todas estas cosas porque Él las disfruta y las valoriza. Es Dios quien desea tocar y cantar y disfrutar de la belleza, y proclamar la verdad y vestir ropa fina e ingerir buenos alimentos.

Pablo dijo: "Porque Dios es el que en vosotros produce así el querer como el hacer." (Filipenses 2:13)

El deseo que tú sientes por riquezas es el Infinito, buscando expresarse en ti así como buscaba expresarse en el niñito del piano.

No vaciles en pedir en grande. Tu parte es enfocarte y expresar los deseos de Dios.

Este es un punto difícil para la mayoría de las personas. Ellas retienen algo de la antigua idea de que la pobreza y el propio sacrificio son agradables a Dios. Ellas ven en la pobreza como parte del plan, como una necesidad de la naturaleza. Ellas tienen la idea de que Dios ha terminado Su obra y que ha hecho todo lo que puede hacer - y que la mayoría de la humanidad debe mantenerse pobre porque no hay suficiente para todos. Las personas sostienen tanto este pensamiento erróneo que se avergüenzan de pedir riquezas. Ellas tratan de no desear más que una muy modesta competencia, justo lo suficiente para hacerlas sentir razonablemente cómodas.

Recuerdo en este momento el caso de un estudiante a quien se le dijo que debe tener en su mente una imagen clara de las cosas que deseaba de manera que el pensamiento creativo de éstas pueda ser impreso en la Substancia Informe. Él era un hombre muy pobre, viviendo en una casa alquilada y teniendo sólo lo que se ganaba día a día. El no podía aceptar el hecho de que toda la riqueza era suya. Por consiguiente, luego de pensar en esto, decidió que él podía pedir razonablemente una alfombra nueva para el piso de su mejor habitación y una estufa de carbón de antracita para calentar la casa durante el tiempo frío. Siguiendo las instrucciones dadas en este libro, él obtuvo estas cosas en unos pocos meses. Entonces se dio cuenta de que él no había pedido suficiente. El fue por toda la casa en donde vivía y planificó todas las mejoras que gustaría hacer en ésta. Mentalmente añadió una ventana salediza aquí y una habitación allá. El continuó hasta que estuvo completa en su mente su casa ideal. Y luego planificó su mobiliario.

Sosteniendo toda la imagen en su mente, él empezó a vivir de una Manera Particular y a moverse hacia lo que él deseaba. Ya es dueño de la casa, y la está reconstruyendo de acuerdo con su imagen mental. Ya con una fe mayor, él está procediendo a obtener cosas mayores. Con él se ha hecho conforme a su fe, y así es contigo y con todos nosotros.

Preguntas de Ayuda

1. ¿Debemos negociar?

2. ¿Cómo debe ser nuestra negociación?

3. Discute el concepto de valor monetario vs. valor utilitario.

4. ¿Cómo ponemos en movimiento la Substancia Pensante?

5. ¿Cuál es el deseo de la Substancia Original?

6. Dios se expresa a través de la humanidad. Explique.

7. ¿Cuál es el deseo de Dios para con la humanidad?

8. Discute la cita de Pablo a los Filipenses: "Porque Dios es el que en vosotros produce así el querer como el hacer." (Fil. 2:13)

9. ¿Qué es el deseo en cada uno de nosotros?

NOTAS

Capítulo 7

Gratitud

Las ilustraciones ofrecidas en el capítulo anterior habrán transmitido al lector el hecho de que el primer paso para hacerse rico es transmitir la idea de tus deseos a la Substancia Informe.

Esto es verdad, y verás que para hacerlo así se hace necesario que te relaciones con la Informe Inteligencia de una manera armoniosa.

El afianzar esta relación armoniosa es un asunto de primordial y vital importancia que le daré algún espacio a su discusión aquí. Te daré instrucciones, que si las sigues, con certeza te llevarán a una perfecta unidad de mente con Dios.

Todo el proceso de ajuste mental y adaptación puede resumirse en una palabra: gratitud.

Primero, crees que existe una Substancia Inteligente de la cual todas las cosas proceden. Segundo, crees que esta substancia provee todo lo que deseas. Y, tercero, te relacionas con ella mediante un profundo sentimiento de gratitud.

Muchas personas que organizan sus vidas correctamente en todos los aspectos se mantienen en la pobreza por su falta de gratitud. Habiendo recibido una dádiva de Dios, ellos cortan los alambres que los conectan con Dios por no expresar agradecimiento.

Es fácil entender que mientras más cerca estemos de la fuente de riqueza, más riqueza recibiremos. También es fácil entender que una persona que siempre está agradecida está más cerca de Dios que uno que nunca lo busca con una actitud de gratitud.

Cuando nos lleguen cosas buenas, mientras más agradecidos estemos del Poder Supremo, más cosas buenas recibiremos y más rápidamente llegarán. La razón de esto es sencillamente que la actitud mental de gratitud atrae la mente a un contacto más cercano con la fuente de donde proceden las bendiciones.

Si para ti es nuevo pensar que la gratitud dirige toda tu mente a una armonía más estrecha con las energías creativas del Universo, considéralo bueno, y verás que es verdadero. Las cosas buenas que ya posees han venido a ti como consecuencia de haber obedecido leyes infalibles [seguras]. La gratitud dirigirá tu mente por caminos por donde vienen las cosas. Y te mantendrá en estrecha armonía con el pensamiento creativo y evitará que caigas en el pensamiento competitivo.

Sólo la gratitud puede mantenerte enfocado en el Infinito y previene que caigas en el error de pensar que la provisión de riquezas es limitada, y de pensar que fuese desastroso para tus esperanzas.

Existe una ley de gratitud, y si eres capaz de obtener los resultados que buscas, es absolutamente necesario que observes esta ley.

La ley de gratitud es el principio natural de que la acción y la reacción siempre son iguales y en direcciones opuestas. La mente que se proyecta más allá en actitud de alabanza y agradecimiento al Poder Supremo libera o proyecta una fuerza que no puede fallar en alcanzar aquello a lo cual es dirigido. Y en consecuencia, Dios responde con un movimiento instantáneo hacia ti.

"Acércate a Dios, y El se acercará a ti." Esta es una declaración de una verdad sicológica.

Y si tu gratitud es fuerte y constante, la reacción en la Substancia Informe será fuerte y continua. El movimiento de las cosas que deseas siempre irá hacia ti. Observa la actitud de agradecimiento que tomó Jesús – como El siempre solía decir: "Padre, gracias te doy por haberme oído." (Juan 11:41) No puedes ejercer mucho poder sin gratitud, porque es la gratitud misma la que te mantiene conectado al poder.

Pero el valor de la gratitud no consiste solamente en obtener más bendiciones en el futuro. Sin gratitud, no podrás dejar de estar insatisfecho con las cosas según son.

En el momento en que permites que tu mente more en la insatisfacción con las cosas según son, comienzas a perder terreno. Fijas tu atención en lo ordinario, en lo pobre, en lo inmundo, y en lo malo – y tu mente toma la forma de esas cosas. Entonces, tú transmitirás estas formas o imágenes mentales a lo informe. En consecuencia, lo ordinario, lo pobre, lo inmundo y lo malo vendrán a ti.

Permitir que tu mente permanezca en lo inferior es llegar a ser inferior y rodearte de cosas inferiores. Por el contrario, fijar tu atención en lo mejor es rodearte con lo mejor y llegar a ser lo mejor.

El poder creativo dentro de nosotros nos convierte en la imagen de aquello a lo cual le damos nuestra atención. Somos Substancia Pensante, y la Substancia Pensante siempre toma la forma de aquello en lo cual piensa.

La mente agradecida está constantemente centrada en lo mejor. Por consiguiente, tiende a convertirse en lo mejor; adquiere la forma o el carácter de lo mejor y recibirá lo mejor.

También la fe nace de la gratitud. La mente agradecida espera continuamente cosas buenas, y la expectación se convierte en fe. La reacción de gratitud sobre la propia mente de uno produce fe. Todo gesto de agradecimiento que sale en acción de gracias incrementa la fe. La persona que no tiene un sentimiento de gratitud no puede retener por mucho tiempo una fe viva. Y, como veremos en los capítulos siguientes, sin una fe viva no puedes hacerte rico por medio del método creativo.

Entonces, es necesario cultivar el hábito de ser agradecido por toda cosa buena que llegue a ti – dar gracias continuamente. Y, porque todas las cosas han contribuido a tu desarrollo, debes incluirlo todo en tu agradecimiento.

No desperdicies tiempo pensando o hablando acerca de los defectos o acciones incorrectas de plutócratas o magnates de trust [sociedades]. Su organización del mundo ha creado tu oportunidad. Todo lo que has recibido ha llegado a ti por ellos.

No te encolerices con los políticos corruptos. Si no fuese por los políticos caeríamos en la anarquía, y tu oportunidad sería disminuida grandemente.

Dios ha trabajado por mucho tiempo y pacientemente para traernos al lugar donde estamos en la industria y en el gobierno. Y seguirá su trabajo. No cabe la menor duda que Él dispondrá de los plutócratas, los magnates de trusts [sociedades], los capitanes de la industria y de los políticos tan pronto puedan ser desechados. Pero, en el ínterin, ellos son muy necesarios. Recuerda que ellos están ayudando a arreglar las líneas de transmisión por las cuales tus riquezas llegarán a ti. Sé agradecido con ellos. Esto te traerá una relación armoniosa con el bien en todo y el bien en todo se moverá hacia ti.

Preguntas de Ayuda

1. ¿Cuál es el primer paso para hacerse rico?

2. ¿Cuáles tres pasos son necesarios para lograr una perfecta unidad en mente con Dios?

3. ¿Por qué muchas personas que organizan sus vidas correctamente se mantienen en la pobreza?

4. ¿Qué se obtiene cuando expresamos una actitud mental de gratitud?

5. Enumera algunos de los beneficios que obtenemos cuando observamos una actitud de gratitud.

6. Explica la Ley de Gratitud.

7. ¿Qué ocurre cuando nuestra mente mora en la insatisfacción?

8. ¿Qué relación guarda la fe con la gratitud?

9. ¿Cuál debe ser nuestra actitud hacia los plutócratas, magnates y políticos corruptos?

10. ¿Continuará Dios trabajando por la humanidad?

Capítulo 8

Pensando de la Manera Infalible

Vuelve al capítulo 6. Vuelve a leer la historia del hombre que formó la imagen mental de su casa, y podrás tener una idea bastante buena del paso inicial para hacerse rico. Debes formar una imagen mental clara y definida de lo que tú deseas. No puedes transmitir una idea a menos que tú la tengas.

Debes tenerla antes de darla. Y muchas personas no logran imprimir en la Substancia Pensante porque tienen un concepto vago e indefinido de las cosas que desean hacer, de lo que desean tener, o lo que desean ser.

No es suficiente que tengas un deseo general de riquezas 'para hacer cosas buenas'. Todos tenemos ese deseo.

No es suficiente que tengas el deseo de viajar, de ver cosas, de vivir más, etc. Todo el mundo tiene esos deseos también. Si fueses a enviarle un telegrama a un amigo, no le enviarías las letras del alfabeto en orden para dejar que él mismo construya el mensaje. Tampoco tomarías palabras al azar del diccionario. Tú le enviarías una oración coherente; una que signifique algo. Cuando tratas de imprimir tus deseos en la Substancia Pensante, recuerda que debe ser hecho por medio de una afirmación coherente. Debes saber lo que deseas y debes ser específico.

No podrás hacerte rico o comenzar a poner en acción el poder creativo enviando anhelos sin formar y deseos indefinidos.

Examina tus deseos así como el hombre que describí examinó su casa. Mira lo que deseas y crea una imagen mental clara de eso, como deseas que sea cuando lo obtengas.

Así como el marinero sostiene un puerto en su mente hacia donde él navega, tú debes tener una imagen mental clara en tu mente todo el tiempo. Debes mantenerte frente a ella todo el tiempo. No la debes perder de vista más que lo que el timonel pierde de vista el compás.

No es necesario hacer ejercicios de concentración, ni separar un tiempo especial para orar y hacer afirmaciones, ni tienes que "ir al silencio", ni hacer ningún tipo de malabarismos ocultos. Estas cosas son bastante buenas, pero todo lo que necesitas es, saber lo que quieres y desearlo fervientemente de manera que se mantenga en tus pensamientos.

Invierte la mayor cantidad de tu tiempo ocioso contemplando tu imagen. Recuerda que nadie necesita hacer ejercicios para concentrarse en eso que realmente desea. Son las cosas que no te interesan las que requieren esfuerzo para fijar tu atención en ellas.

A menos que tu deseo de hacerte rico no sea suficientemente fuerte para mantener tus pensamientos en el objetivo – así como el polo magnético mantiene en posición la aguja del compás – de poco te servirá que trates de seguir las instrucciones dadas en este libro.

Los métodos que estoy presentando aquí son para que funcionen con las personas cuyo deseo de hacerse rico es lo suficientemente fuerte para sobreponerse a la pereza mental y al amor por las cosas fáciles.

Mientras más clara y específica es tu imagen, y mientras más permanezcas en ella, resaltando sus maravillosos detalles, mayor será tu deseo. Y, mientras más fuerte es tu deseo, más fácil será sostener la mente centrada en la imagen de lo que deseas.

Sin embargo, algo más es necesario que meramente ver la imagen claramente. Si eso es todo lo que haces, eres solo un soñador y tendrás poco o ningún poder para lograrlo. Detrás de tu imagen clara debe de haber la determinación de realizarlo, traerlo a expresión tangible. Y, detrás de esta determinación debe de haber una fe absoluta e inquebrantable de que eso es ya tuyo – que está a tu alcance y sólo tienes que tomar posesión de eso.

Vive mentalmente en la casa nueva hasta que ésta adquiera forma alrededor de ti físicamente. En el reino mental, entra inmediatamente al disfrute total de las cosas que deseas.

Jesús dijo: "Todas las cosas que pidas cuando ores, cree que las has recibido, y las tendrás". (Paráfrasis de Marcos 11:24)

Visualiza las cosas que deseas como si éstas estuviesen realmente alrededor de ti todo el tiempo; visualízate como propietario y usuario de ellas. Úsalas en tu imaginación tal y como las usaras si fuesen posesiones tangibles. Mora en tu imagen mental hasta que ésta sea clara y real. Entonces toma la actitud mental de ser poseedor de todo lo que hay en esa imagen. Toma posesión de ésta en tu mente con plena fe de que es realmente tuya. Sostén esta posesión mental; no titubees ni por un instante en la fe de que ésta es real.

Y, recuerda lo que se dijo en el capítulo 7 acerca de la gratitud: sé agradecido por esto todo el tiempo como esperas estarlo cuando éste tome forma. La persona que puede con sinceridad darle gracias a Dios por las cosas que posee sólo en su imaginación tiene verdadera fe. Esa persona se hará rica; esa persona creará de cualquier cosa que desee.

No necesitas orar repetidamente por las cosas que deseas. No es necesario decírselo a Dios todos los días. Jesús le dijo a Sus discípulos: "Y al orar no uséis vanas repeticiones, como los gentiles,…, porque vuestro Padre sabe de qué cosas tenéis necesidad antes que vosotros le pidáis."(Mateo 6:7,8)

Tu rol es formular inteligentemente tu deseo por las cosas que constituyen una vida más plena y organizar estos deseos en una totalidad coherente. Entonces debes imprimir este deseo entero sobre la Substancia Informe, que tiene el poder y la voluntad de proveerte lo que deseas.

No haces esta impresión repitiendo una serie de palabras: lo haces sosteniendo la visión con el propósito inquebrantable de obtenerlo y con una fe absoluta de que lo obtendrás.

La respuesta a tu oración no es conforme a tu fe mientras hablas, sino conforme a tu fe mientras actúas.

No puedes impresionar la mente de Dios separando un sábado especial para decirle lo que tú quieres – y después olvidarte de Él durante el resto de la semana. Si no piensas en tus plegarias hasta que llega la hora de orar nuevamente, no puedes impresionarlo teniendo horas especiales para ir a tu pequeña habitación y orar.

La oración oral es suficientemente buena y tiene sus efectos en clarificar tu visión y fortalecer tu fe, pero no son tus peticiones orales las que te conseguirán lo que deseas. Para hacerte rico no necesitas una "hora adecuada para orar". Lo que necesitas es "orar sin cesar". (1 Tesalonicenses 5:17) Y por orar quiero decir afianzarte consistentemente a tu visión –con el propósito de causar su materialización y tener la fe de que así lo haces. "Cree que lo has recibido."

Una vez hayas formado tu visión claramente, todo es ya cuestión de recibir. Cuando la hayas formado, es bueno hacer una declaración oral en oración reverente dirigiéndote al Poder Supremo. De ahí en adelante, debes recibir en tu mente lo que has pedido.

Vive en la casa nueva; usa la ropa fina; viaja en el automóvil; haz el viaje; y planifica con seguridad para viajes mayores. Piensa y habla de todas las cosas que has pedido como si realmente las poseyeras en el presente. Imagina el entorno exacto y la condición financiera en que deseas vivir y vive todo el tiempo en ese entorno imaginario y esa condición financiera.

Sin embargo, recuerda que no haces esto como un mero soñador y constructor de castillos. Aférrate a la fe de que lo imaginario está siendo realizado y a la determinación que se requiere para realizarlo. Recuerda que la fe y la determinación en el uso de la imaginación es lo que hace la diferencia entre un científico y un soñador.

Y, habiendo aprendido este dato, es aquí donde debes aprender el uso correcto de la Voluntad.

Preguntas de Ayuda

1. ¿Cuál es el paso inicial para hacerse rico?

2. ¿Qué debemos hacer para tener éxito imprimiendo nuestros deseos en la Substancia Pensante?

3. ¿Qué otros pasos hay que dar después de imprimir nuestro deseo en la Substancia Pensante?

4. ¿Debemos estar orando repetidamente por las cosas que deseamos?

5. ¿Cómo logramos una impresión permanente en la Substancia Pensante?

6. ¿Cómo es la respuesta a nuestra oración?

7. ¿Para qué es buena o sirve la oración oral?

8. ¿Qué se necesita para hacernos ricos?

9. ¿Qué se entiende por orar?

10. En cuanto a la imaginación se refiere: ¿qué hace la diferencia entre un científico y un soñador?

Capítulo 9

Como Usar la Voluntad

Para comenzar a hacerse rico de una manera científica, no trates de aplicar tu voluntad a nada que esté fuera de ti.

De todas maneras, no tienes el derecho a hacerlo.

Es erróneo aplicar tu voluntad a otras personas para que hagan lo que tú deseas que se haga.

Coercionar a las personas por medio del poder mental es tan flagrantemente erróneo como coercionarlas por medio del poder físico. Si obligando a las personas a hacer tu voluntad por medio de la fuerza física los reduce a la esclavitud, obligarlos por medios mentales logra exactamente lo mismo. La única diferencia es en el método. Si quitarle algo a alguien por medio de la fuerza física es robar, entonces quitarle algo por medio de la fuerza mental también es robo. En principio no hay diferencia.

No tienes derecho de utilizar el poder de tu voluntad en otra persona – aunque sea "por su propio bien." – Porque tú no sabes lo que es su bien.

La Ciencia de Hacerse Rico no requiere que apliques poder o fuerza de ninguna manera a ninguna persona. No hay la más mínima necesidad de hacer eso. Verdaderamente, cualquier intento de aplicar tu voluntad a otros sólo tenderá a derrotar tu propósito.

No necesitas ejercer tu voluntad en las cosas para obligarlas a que éstas vengan a ti. Eso sería sencillamente tratar de coercionar a Dios y sería ingenuo e inútil, al igual que irreverente.

No tienes que obligar a Dios para que te dé cosas buenas, así como tampoco tienes que utilizar el poder de tu voluntad para hacer que salga el sol.

No tienes que usar tu poder de voluntad para conquistar una deidad antipática o hacer que fuerzas rebeldes y testarudas se sujeten a ti.

La Substancia Pensante es amigable contigo y está más ansiosa en darte lo que quieres que lo que tú estás en recibir lo que has pedido.

Para hacerte rico, sólo necesitas emplear tu poder de voluntad en ti mismo.

Cuando sabes qué hacer y pensar, debes usar el poder de tu voluntad para obligarte a pensar y hacer las cosas correctas. Ese es el uso legítimo de la voluntad para obtener lo que tú quieres – usarla para mantenerte en el camino correcto. Utiliza tu voluntad para mantenerte pensando y actuando de la Manera Infalible.

No trates de proyectar tu voluntad o tus pensamientos o tu mente afuera en el espacio para actuar en cosas o personas. Mantén tu mente en su sitio. Esta puede lograr más estando ahí que en otro lugar.

Utiliza tu mente para formar una imagen mental de lo que quieres y sostén esa visión con fe y determinación. Usa tu voluntad para mantener tu mente trabajando correctamente.

Mientras más consistente y continua sea tu fe y tu determinación, más rápidamente te harás rico porque sólo harás impresiones positivas en la Substancia Informe. No las vas a neutralizar o contrarrestar con impresiones negativas.

Por lo que sé, la imagen de tus deseos, sostenida con fe y determinación es tomada por la Substancia Informe y es proyectada e impresa a través de todo el Universo.

A medida que esta impresión se extiende, todas las cosas comienzan a moverse para su realización. Toda cosa viviente, toda cosa inanimada, y las cosas que todavía no han sido creadas son agitadas y movidas para traer a expresión eso que deseas. Todas las fuerzas se ejercen en esa dirección. Todas las cosas comienzan a moverse hacia ti. Las mentes de las personas por doquier son influenciadas para hacer las cosas necesarias para realizar tus deseos. Y éstas trabajan para ti inconscientemente.

Pero puedes verificar todo esto iniciando una impresión negativa en la Substancia Informe. La duda o la incredulidad son tan seguras para comenzar un movimiento que se aleja de ti como la fe y la determinación son para comenzar uno que se dirija hacia ti. Por no entender esto, la mayoría de las personas fracasan cuando tratan de hacer uso de la 'ciencia mental' para hacerse rico. Cada momento que desperdicias haciéndole caso a las dudas y a los miedos, cada momento que desperdicias preocupándote, cada vez que tu alma es poseída por la incredulidad – desata una corriente que se aleja de ti a través de todo el dominio de la Substancia Inteligente. "Todas las promesas son para aquellos que creen, y sólo para ellos." Observa cuán insistente fue Jesús en este punto de creer. Ya sabes la razón [el por qué] de esto.

Como el creer es tan importante, te conviene vigilar tus pensamientos. Y como tus creencias serán moldeadas en gran medida por las cosas que tú observas y en las cuales piensas, es importante que enfoques tu atención. Aquí es que la voluntad tiene uso, porque por medio de tu voluntad, tú determinas el objeto de tu atención.

Si quieres hacerte rico, no debes hacer un estudio de la pobreza. Las cosas no se manifiestan pensando acerca de sus opuestos. La salud nunca se logrará estudiando las enfermedades y pensando en las enfermedades. La rectitud no se promoverá estudiando el pecado ni pensando en el pecado. Y, nadie nunca se ha hecho rico estudiando la pobreza y pensando en la pobreza.

La medicina como una ciencia de la enfermedad ha incrementado la enfermedad. La religión como una ciencia del pecado ha promovido el pecado. Y, la economía como un estudio de la pobreza llenará el mundo de miseria y necesidad.

No hables de pobreza. No la investigues ni te preocupes por ella. Olvídate de sus causas. No tienes nada que ver con ellas. Lo que te concierne es su cura.

No malgastes tu tiempo en labor caritativa o en programas de caridad. Toda caridad tiende a perpetuar la miseria que intenta erradicar.

No estoy diciendo que seas duro, insensible o cruel y rehúses escuchar el clamor de la pobreza. Pero no debes tratar de erradicar la pobreza en ninguna de las formas convencionales. Deja atrás la pobreza y todo lo que tiene que ver con ella, y 'haz el bien.'

Hazte rico. Esa es la mejor manera de combatir la pobreza.

No podrás sostener la imagen mental que se necesita para que te hagas rico si llenas tu mente con imágenes de pobreza. No leas libros o documentación que relaten la miseria de las personas o de los abusos en el empleo de menores. No leas nada que llene tu mente con imágenes pesimistas de escasez y sufrimiento. Con saber estas cosas, en nada podrás ayudar al pobre. El conocer ampliamente las circunstancias del pobre no tiende de ninguna manera a erradicar la pobreza.

Lo que tiende a erradicar la pobreza no es introduciendo imágenes de pobreza en tu mente, sino introduciendo imágenes de riqueza en las mentes de los pobres.

No estás abandonando al pobre en su miseria cuando rehúsas permitir que tu mente se llene con imágenes de esa miseria.

La pobreza se puede eliminar, no aumentando el número de personas bien intencionadas que piensen acerca de la pobreza, sino aumentando el número de gente pobre que logren hacerse ricos mediante el ejercicio de la fe y la determinación.

Los pobres no necesitan de la caridad, necesitan inspiración. La caridad sólo les ofrece un pedazo de pan para mantenerlos vivos en su miseria o les ofrece entretenimiento para que se olviden de ésta por una hora o dos. Pero la inspiración hará que se levanten de su miseria. Si deseas ayudar a los pobres demuéstrales que ellos se pueden hacer ricos; demuéstralo haciéndote rico tú mismo. [Hazte rico. Esta es la mejor manera en que puedes ayudar a los pobres.]

La única manera en que la pobreza puede ser desterrada de este mundo para siempre es obteniendo una cantidad grande y constantemente creciente de personas que practiquen las enseñanzas de este libro.

Se les debe enseñar a las personas a hacerse ricas mediante la creatividad y no mediante la competitividad.

Cada persona que se hace rica por medio de la competitividad derrumba la escalera que lo levantó y mantiene por debajo a los demás. Pero cada persona que se hace rica por medio de la creatividad abre el camino para que miles lo sigan y los inspira a que hagan lo mismo.

No estás mostrando dureza de corazón o una disposición indolente cuando rehúsas tener compasión por la pobreza, o pensar, o hablar acerca de ella o escuchar a aquellos que hablan de ella. Utiliza el poder de tu voluntad para mantener tu mente FUERA del tema de la pobreza y para mantener tu mente CENTRADA en la fe y la determinación en la visión de lo que tú deseas.

Preguntas de Ayuda

1. ¿Debemos aplicar nuestra voluntad personal a algo que esté fuera de nosotros?

2. ¿Requiere la Ciencia de Hacerse Rico que apliquemos nuestra voluntad sobre otras personas para obtener lo que deseamos?

3. ¿Cómo debemos emplear el poder de la voluntad para hacernos ricos?

4. ¿Qué papel desempeña la fe y la determinación en el proceso de hacernos ricos? ¿Y la duda y el miedo?

5. ¿Debemos estudiar la pobreza con el objeto de hacernos ricos?

6. ¿Debemos estudiar la enfermedad para lograr la salud?

7. ¿Ayuda la labor caritativa y los programas de ayuda social a erradicar la pobreza?

8. ¿Cuál es la mejor manera de combatir la pobreza?

9. ¿Cómo podemos eliminar la pobreza?

10. ¿Qué es lo que realmente necesitan los pobres: caridad o inspiración?

11. ¿Qué ventaja tiene el hacerse rico por medio de la creatividad?

12. ¿Cuál es el mejor uso que le podemos dar al poder de nuestra voluntad?

NOTAS

Capítulo 10

Uso Adicional de la Voluntad

No puedes retener una visión verdadera y clara de las riquezas si estás constantemente fijando tu atención en imágenes opuestas, tanto externas como imaginarias.

No le hables a otros de ninguna dificultad financiera del pasado, ni pienses en ellas. No le hables a nadie de la pobreza de tus padres o de las vicisitudes de tu infancia. El hacer cualquiera de estas cosas es clasificarte mentalmente con los pobres por el momento, y esto seguramente frenará el movimiento de las cosas que van hacia ti.

Jesús dijo: "Deja que los muertos entierren a sus muertos."(Lucas 9:60)

Deja la pobreza y todo lo que pertenece a ella atrás completamente.

Has aceptado una teoría segura de un Universo que está correcta y estás fundamentando todas tus esperanzas en que está correcta. ¿Qué ganas cuando prestas atención a teorías conflictivas?

No leas libros religiosos que te digan que el mundo se va a acabar pronto. No leas los escritos de filósofos pesimistas que andan en busca de escándalos que te dicen que el mundo va hacia el infierno. El mundo no va hacia el infierno. El mundo va hacia Dios. Es una Superación maravillosa.

Es verdad, puede haber muchas cosas buenas en condiciones existentes que estén en discrepancia. Pero, ¿cuál es el objeto de estudiarlas cuando ciertamente están desapareciendo y cuando el estudio de ellas sólo tiende a frenar su desaparición para mantenerlas existiendo con nosotros? ¿Por qué prestarle atención y tiempo a cosas que están siendo eliminadas del crecimiento evolutivo, cuando tú puedes acelerar su eliminación con sólo promover el crecimiento evolutivo en todo lo que te concierne?

No importa cuán horripilantes sean las condiciones aparentes en ciertos países, secciones o lugares; al considerarlas, desperdicias tu tiempo y destruyes tus oportunidades. Debes interesarte en que el mundo se haga rico.

Piensa en las riquezas que están llegando al mundo, en vez de la pobreza que se deja atrás. Y, mantén en mente que la única manera que puedes ayudar al mundo a hacerse rico es haciéndote rico tú mismo mediante el método creativo, y no el competitivo.

Enfoca tú atención total a las riquezas; ignora la pobreza. Cada vez que pienses o hables de los pobres, piensa y habla de ellos como aquellos que se están haciendo ricos, como aquellos que deben ser felicitados más que compadecidos. Entonces, ellos y otros serán inspirados y comenzarán a buscar la salida.

Porque yo diga que debes darle todo tu tiempo, mente y pensamiento a las riquezas, no significa que vayas a ser despreciable o malo.

Llegar a ser rico realmente es el propósito más noble que puedes tener en la vida, ya que esto incluye todo lo demás.

En el plano competitivo, la lucha para hacerse rico es una lucha infernal por poder sobre otras personas, pero cuando nos volvemos a la mente creativa todo eso cambia.

Todo lo que es posible en el camino de la grandeza y desenvolvimiento del alma – de servicio y esfuerzo noble – viene por medio de hacerse rico. Todo se hace posible mediante el uso de cosas.

Si no tienes buena salud física, encontrarás que su obtención está condicionada en tú hacerte rico. Sólo aquellos que están emancipados de preocupaciones financieras y que tienen los medios para vivir una existencia sin preocupaciones y siguen prácticas higiénicas, pueden tener y retener la salud.

La grandeza moral y espiritual es posible sólo para aquellos que están por encima de la batalla competitiva por la existencia. Y, sólo aquellos que se están haciendo ricos en el plano del pensamiento creativo son liberados de las influencias degradantes de la competencia. Si tu corazón está puesto en la felicidad hogareña, recuerda que el amor florece mejor donde hay refinamiento, un alto nivel de pensamientos y liberación de influencias corruptoras. Esto se ha de encontrar sólo donde las riquezas son adquiridas sin lucha o rivalidad mediante el ejercicio del pensamiento creativo.

Repito: no hay nada más grande y noble que proponerte a ser rico. Debes fijar tu atención en tu imagen mental de riquezas, al punto de excluir todo lo que pueda tender a empañar u oscurecer tu visión.

Debes aprender a ver la Verdad subyacente en todas las cosas. Debes ver, debajo de toda aparente condición de error, la Gran Vida Única moviéndose siempre hacia delante hacia mayor expresión y más plena felicidad.

La verdad es que no existe tal cosa como la pobreza. Hay sólo riqueza.

Algunas personas permanecen en la pobreza porque ignoran el hecho de que existen riquezas para ellos. A estas personas se les puede enseñar mejor demostrándoles el camino a la afluencia en tu propia persona y práctica.

Otros son pobres porque, aunque ellos piensan que hay una salida, son demasiado indolentes intelectualmente para poner en acción el esfuerzo mental necesario para encontrar y recorrer el camino. Y, para estas personas, lo mejor que puedes hacer es avivar su deseo mostrándoles la felicidad que surge de ser rico por derecho propio.

Otros todavía son pobres, porque aunque tienen alguna noción de la ciencia, se han sumergido y perdido en un laberinto de teorías metafísicas y ocultas y no saben qué camino escoger. Intentan con una mezcla de muchos sistemas y fracasan en todos. Para estas personas, nuevamente, lo mejor que puedes hacer es enseñarles el camino correcto en tu propia persona y práctica. Una onza de acción equivale a una libra de teoría.

Lo mejor que puedes hacer por el mundo entero es auto-realizarte al máximo.

No hay manera más efectiva de servirle a Dios y a tu prójimo que haciéndote rico; esto es, si te haces rico mediante el método creativo y no por el competitivo.

Otra cosa. Yo aseguro que este libro ofrece en detalle los principios de la Ciencia de Hacerse Rico. Y si esto es verdadero, no necesitas leer ningún otro libro sobre este tema. Esto puede sonar estrecho y egocéntrico. Pero considera que no hay otro método científico de cómputo matemático que la suma, la resta, la multiplicación y la división. Ningún otro método es posible. La distancia más corta entre dos puntos es una sola.

Sólo hay una manera de pensar científicamente, y ésta es pensar en la forma que nos señale la ruta más simple y directa a la meta. Ninguna persona ha formulado todavía un sistema más breve y menos complejo que el que estoy describiendo aquí. Se le ha quitado todo lo que no es esencial. Cuando comiences con este método, echa todos los demás a un lado. Sácalos de tu mente completamente.

Lee este libro todos los días. Llévalo contigo. Comprométete a memorizártelo. No pienses acerca de otros sistemas y teorías. Si lo haces, comenzarás a tener dudas y te sentirás inseguro y vacilante en tu pensar. Entonces comenzarás a fracasar.

Luego de haber hecho lo pertinente y ser rico, podrías estudiar otros sistemas tanto como te plazca. Pero, hasta que no estés bastante seguro de que has obtenido lo que deseas, no leas nada más de este tema a excepción de los autores mencionados en el prefacio.

Sólo lee los comentarios más optimistas de las noticias mundiales, sólo aquellos que están en armonía con tu visión.

En adición, pospón tus investigaciones de lo oculto. No te entretengas con teosofía, espiritismo o estudios de esa índole. Es muy probable que los muertos todavía estén vivos y estén cerca. Y si lo están, déjalos tranquilos. Ocúpate de tus asuntos.

Dondequiera que puedan estar los espíritus de los muertos, ellos tienen que hacer su propio trabajo y tienen que resolver sus propios problemas. No tenemos derecho a intervenir con ellos. Ni podemos ayudarlos. No es muy seguro que ellos puedan ayudarnos, y si pudiesen, tampoco tenemos derecho alguno de invadir su tiempo. Deja tranquilos a los muertos y al más allá. Resuelve tu propio problema; hazte rico. Si empiezas a inmiscuirte con lo oculto, iniciarás unas contracorrientes mentales que llevarán tus esperanzas con seguridad al naufragio. Finalmente, éste y los capítulos anteriores nos han traído la siguiente declaración de principios fundamentales:

Existe una Substancia Pensante de la cual todas las cosas proceden, y que en su estado original, impregna, penetra, y llena los entre-espacios del Universo.

Un pensamiento en esta substancia produce la cosa que es moldeada por el pensamiento.

Una persona puede moldear cosas con su pensar, e imprimiendo su pensar sobre la Substancia Informe, puede crear la cosa que piensa.

Para hacer esto, la persona debe moverse de la mente competitiva a la mente creativa. Debe de crear una imagen clara de las cosas que desea. Y, debe sostener esta imagen en sus pensamientos con el firme propósito de obtener lo que desea, y con la fe inquebrantable de que obtendrá lo que desea – cerrando su mente contra todo lo que pueda tender a afectar su objetivo, empañar su visión o quebrantar su fe.

Y, en adición a todo esto, veremos próximamente que la persona debe vivir y actuar de la Manera Infalible.

Preguntas de Ayuda

1. ¿Qué ocurre cuando hablamos de alguna dificultad financiera del pasado o de la pobreza que pasaron nuestros padres?

2. "Deja que los muertos entierren a sus muertos." Explique.

3. ¿Cuál debe ser nuestra actitud cada vez que pensemos o hablemos de los pobres?

4. En Verdad: ¿existe tal cosa como la pobreza?

5. ¿Cuáles son las razones por las cuales algunas personas permanecen en la pobreza?

6. ¿Cómo podemos señalarles el camino a la afluencia?

7. ¿Qué es lo mejor que podemos hacer por los demás?

8. ¿Cuál es la manera de pensar científicamente?

9. ¿Debemos invertir tiempo estudiando las ciencias ocultas?

10. Expresa en tus propias palabras la declaración de principios fundamentales.

Capítulo 11

Actuando de la Manera Infalible

El PENSAMIENTO es la fuerza que impulsa al poder creativo a la acción. Pensar de la Manera Infalible te traerá riquezas, pero no debes depender del pensamiento solamente, sin poner atención a la acción personal. Esa es la roca sobre la cual muchos otros pensadores científicos metafísicos llegan al naufragio – fallar en conectar el pensamiento con la acción personal.

Todavía no hemos llegado a la etapa del desarrollo, suponiendo que esta etapa sea posible, en donde la persona puede crear directamente de la Substancia Informe [sin tener que seguir] los procesos de la naturaleza o sin el trabajo de manos humanas. La persona no sólo debe pensar, sino que debe actuar complementando su pensar.

Por medio del pensamiento tú puedes hacer que el oro, en el seno de la montaña, sea impulsado hacia ti. Pero, el oro no se auto-minará, ni se auto-refinará, ni se auto-acuñará en monedas, ni rodará por sendas hacia ti buscando llenar tus bolsillos.

Bajo el impulso del Poder Supremo, los asuntos humanos serán ordenados de manera tal que alguien será dirigido a minar el oro para ti. Y, las transacciones comerciales de otras personas serán dirigidas de manera tal que te traerán el oro hacia ti. Debes arreglar tus propios negocios de manera tal que seas capaz de recibirlo cuando llegue a ti. Tus pensamientos producen todas las cosas, animadas e inanimadas, y operan para traerte lo que deseas. Sin embargo, tus actividades personales deben ser de manera tal que puedas recibir justamente lo que desees cuando llegue a ti. No lo obtendrás ni por caridad ni por engaño o robo. Debes darles a todas las personas más en valor utilitario de lo que se te da en valor monetario.

El uso científico del pensamiento consiste en formar una imagen mental clara y definida de lo que deseas, en aferrarte a tu objetivo de obtener lo que deseas, y en comprender con una fe llena de agradecimiento que obtienes lo que deseas.

No trates de proyectar tu pensamiento de ninguna manera misteriosa u oculta con la idea de que salga hacia al mundo externo para hacer cosas por ti. Eso es esfuerzo desperdiciado y debilitará tu poder de pensar con sanidad.

En los capítulos anteriores, he explicado completamente la acción del pensamiento para hacerse rico. Debes usar tu fe y determinación para imprimir de manera positiva tu visión sobre la Substancia Informe, QUE TIENE EL MISMO DESEO QUE TÚ POR MÁS VIDA. Y, esta visión, recibida de ti, pondrá todas las fuerzas creativas en operación EN Y A TRAVÉS DE SUS CANALES REGULARES DE ACCIÓN, pero dirigidos hacia ti.

No te incumbe guiar ni supervisar el proceso creativo. Todo lo que tienes que hacer es mantener tu visión, aferrarte a tu objetivo, y mantener tu fe y gratitud.

Pero debes actuar de la Manera Infalible para que puedas apropiarte de lo que es tuyo cuando venga a ti – de manera tal que puedas aceptar las cosas que has imaginado y puedas colocarlas en sus lugares apropiados según lleguen a ti.

Puedes ver fácilmente la verdad de esto. Cuando las cosas te lleguen, estarán en manos de otras personas que te pedirán un equivalente por ellas.

Sólo puedes obtener lo que es tuyo dándole a los otros lo que es de ellos. Tu cartera no será inagotable; tampoco estará llena de dinero sin haber esfuerzo de tu parte.

Recibir es crucial en la Ciencia de Hacerse Rico – aquí mismo, donde el pensamiento y la acción personal deben unirse. Hay muchas personas que, consciente o inconscientemente, ponen en acción las fuerzas creativas por la fortaleza y persistencia de sus deseos. Sin embargo, permanecen en la pobreza porque no proveen para la recepción de lo que desean cuando llega.

Por medio del pensamiento, la cosa que deseas es traída a ti. Por medio de la acción tú la recibes.

No importa la acción que tomes, es evidente que debes actuar EN ESTE MOMENTO. No puedes actuar en el pasado. Es esencial para la claridad de tu visión mental que elimines el pasado de tu mente. No puedes actuar en el futuro porque el futuro no ha llegado todavía. Y, no podrás decir cómo vas a actuar en cualquier contingencia futura hasta que esa contingencia haya llegado.

Por el hecho de que no estés en este momento en el negocio idóneo ni en el medioambiente idóneo, no pienses que debes de posponer la acción para cuando estés en el negocio o en el medioambiente idóneo. Y, no inviertas tiempo en el presente planificando el mejor curso en posibles emergencias futuras. Ten fe en tu habilidad de hacerle frente a cualquier emergencia cuando ésta surja.

Si actúas en el presente con tu mente en el futuro, tu acción en el presente estará con una mente dividida y no será efectiva. Pon toda tu mente en la acción del presente.

No le des tu impulso creativo a la Substancia Original para luego sentarte a esperar los resultados; si lo haces jamás los obtendrás. Actúa en este momento. No hay otro momento que no sea este momento, y jamás habrá otro momento que no sea este momento. Si alguna vez comenzaras a prepararte para la recepción de lo que deseas, debes comenzar en este momento.

Tu acción, sin importar la que sea, debe estar en tu negocio o empleo presente y debe ser con personas y cosas en tu medioambiente actual.

No puedes actuar en donde no estás. No puedes actuar en dónde has estado, y no puedes actuar en donde vas a estar. Sólo puedes actuar en donde estás.

No te molestes pensando en si el trabajo pasado estuvo bien o mal hecho. Haz el trabajo de hoy bien hecho.

No trates de hacer el trabajo de mañana en este momento. Habrá tiempo suficiente para hacer eso cuando venga el mañana.

No trates por medios místicos u ocultos de actuar en personas o cosas que están fuera de tu alcance.

No esperes que haya un cambio en el medioambiente para tú actuar. Cambia tu medioambiente por medio de la acción.

Puedes actuar en tu medioambiente presente para causar un traslado a un mejor medioambiente.

Aférrate con fe y determinación a la visión de ti mismo en un medioambiente mejor, pero actúa en tu medioambiente presente con todo tu corazón, con todas tus fuerzas, y con toda tu mente.

No gastes tiempo soñando despierto, ni construyendo castillos en el aire. Mantén una visión de lo que deseas, y actúa EN ESTE MOMENTO.

No intentes encontrar algo nuevo que hacer, o desempeñar una acción extraña, poco usual o extraordinaria como primer paso para hacerte rico. Es probable que tus acciones, al menos por el momento, continúen siendo las mismas que has desempeñado en el pasado. Pero, de aquí en adelante, desempeñarás esas acciones de la Manera Infalible, la que con seguridad te harán rico.

Si estás envuelto en algún negocio y piensas que no es el correcto para ti, no esperes llegar al negocio correcto para comenzar a actuar. No te sientas desanimado ni te sientes a lamentarte porque estés en el lugar equivocado. Ninguna persona ha estado en un lugar tan erróneo que no haya podido encontrar su lugar correcto, ni ninguna persona ha estado tan envuelta el negocio erróneo que no haya podido entrar en el negocio correcto.

Sostén la visión de ti mismo en el negocio correcto – con la determinación de entrar en él y con la fe de que entrarás en él.

Pero ACTÚA en tu negocio actual. Utiliza tu negocio actual como medio para obtener uno mejor, y utiliza tu medioambiente actual como medio para obtener uno mejor. Tu visión del negocio correcto, si es sostenido con fe y determinación, causará que el Poder Supremo mueva el negocio correcto hacia ti. Y, tu acción – si es desempeñada de la Manera Infalible – causará que te muevas hacia el negocio [correcto].

Si eres un empleado asalariado y sientes que debes cambiar de lugar para conseguir lo que deseas, no proyectes tu pensamiento en el espacio y descanses en él para conseguirte otro empleo. Probablemente el intento fracasará. Sostén la visión de ti mismo en el empleo que deseas, mientras ACTÚAS con fe y determinación en el empleo que tienes, y ciertamente obtendrás el empleo que quieres.

Tu visión y fe pondrán las fuerzas creativas en movimiento para traértelo hacia ti. Y, tu acción causará que las fuerzas en tu propio medioambiente te muevan hacia el lugar que tú deseas. Para finalizar este capítulo, añadiré otra oración a nuestro plan:

Existe una Substancia Pensante de la cual todas las cosas proceden, y que en su estado original, impregna, penetra, y llena los entre-espacios del Universo.

Un pensamiento [impreso] en esta Substancia produce la cosa que es moldeada por el pensamiento.

Una persona puede moldear cosas con su pensar, e imprimiendo su pensar sobre la Substancia Informe, puede crear la cosa que piensa.

Para hacer esto, la persona debe moverse de la mente competitiva a la mente creativa. Debe crear una imagen clara de las cosas que desea. Y, debe sostener esta imagen en sus pensamientos con el firme PROPÓSITO de obtener lo que desea, y con la fe inquebrantable de que obtendrá lo que desea – cerrando su mente contra todo lo que pueda tender a afectar su objetivo, empañar su visión o quebrantar su fe.

Para la persona recibir lo que desea cuando venga, ésta deberá actuar EN ESTE MOMENTO sobre las personas y cosas en su medioambiente actual.

Preguntas de Ayuda

1. ¿Qué es lo que impulsa al poder creativo a la acción?

2. ¿Podemos depender del pensamiento solamente para hacernos ricos? ¿Qué más hace falta?

3. ¿Por qué muchos llegan al naufragio en el proceso de hacerse ricos?

4. ¿En qué consiste el uso científico del pensamiento?

5. ¿Por qué hay personas que permanecen en la pobreza aún poniendo en acción las fuerzas creativas?

6. ¿Cómo nos llegan las cosas que deseamos?

7. ¿Cómo recibimos las cosas que deseamos?

8. ¿Por qué es necesario actuar en el momento presente?

9. ¿Dónde debe estar nuestra acción?

10. ¿Debemos esperar que haya cambios en el medioambiente para actuar?

11. ¿Cómo nos trasladamos a un mejor medioambiente?

12. ¿Qué debemos hacer si deseamos salir de algún negocio que no es correcto para nosotros?

13. ¿Cuál es el proceso que debemos seguir para cambiar de empleo?

14. ¿Qué hará nuestra visión, fe y acción por el cumplimiento de nuestros deseos?

15. ¿Qué debemos hacer para recibir lo que deseamos cuando eso llegue?

Capítulo 12

Acción Eficiente

Debes usar tu pensamiento de la forma indicada en los capítulos anteriores y comenzar a hacer lo que puedas hacer donde estés. Y debes hacer TODO lo que puedas hacer ahí donde estás.

Sólo podrás progresar cuando te extiendas más allá de tu puesto actual. Y, ninguna persona que deje de hacer cualquier tarea que pertenezca a ese puesto se extenderá más allá de su posición actual.

El mundo se adelanta sólo con aquellos que llenan rebosantemente sus espacios actuales.

Si nadie llena su puesto actual, puedes ver ocurrir una recaída en todo. Aquellos que no llenan completamente sus puestos actuales constituyen una carga para la sociedad, el gobierno, la industria y el comercio. Deben ser subsidiados a un alto costo por otras personas. El progreso del mundo se retarda sólo por aquellos que no llenan los puestos que están ocupando. Ellos pertenecen a una época anterior y a una etapa y plano de vida inferior. Su tendencia es hacia la degeneración. Ninguna sociedad puede avanzar si todos los individuos son menos que sus puestos porque la evolución social está guiada por la ley de evolución física y mental. En el reino animal, la evolución es causada por un exceso de vida.

Cuando un organismo tiene más vida de la que puede ser expresada en las funciones de su propio plano, desarrolla órganos de un plano superior, originando nuevas especies.

Jamás hubiese habido nuevas especies sin haber habido organismos que hayan sobrellenado sus espacios. La ley es exactamente la misma para ti. El hacerte rico depende de tu aplicación de este principio a tus propios asuntos.

Cada día es o un día exitoso o un día de fracaso. Y son los días exitosos los que te llevarán a obtener lo que tú deseas. Si todos los días son un fracaso, nunca podrás hacerte rico; si todos los días son un éxito, no podrás evitar hacerte rico.

Si hay algo que tiene que hacerse hoy y no lo haces, habrás fracasado en cuanto a eso concierne. Y, las consecuencias pueden ser más desastrosas de lo que te imaginas.

No puedes prever los resultados aun de los actos más triviales. No conoces la operación de todas las fuerzas que se han puesto en movimiento en tu nombre. Mucho dependerá de ti realizar algún acto sencillo, muy bien podría ser lo necesario para abrirte la puerta de la oportunidad a enormes posibilidades. No puedes conocer todas las combinaciones que el Poder Supremo está haciendo por ti en el mundo material y de los asuntos humanos. Tu incumplimiento o negligencia en hacer alguna cosa pequeña puede causar un gran retraso en obtener lo que deseas.

Haz todos los días, TODO lo que pueda hacerse ese día.

Sin embargo, existe una limitación o calificación que debe ser tomada en consideración.

No debes trabajar demasiado o apresurarte ciegamente en tu negocio y/o en tu esfuerzo de hacer la mayor cantidad de cosas en el menor tiempo posible.

No trates de hacer el trabajo de mañana hoy o hacer el trabajo de una semana en un día.

Realmente no es la cantidad de cosas que puedes hacer lo que cuenta, sino la EFICIENCIA de cada acción independiente.

Cada acto es en sí mismo un éxito o un fracaso.

Cada acto es en sí mismo eficiente o ineficiente.

Cada acto ineficiente es un fracaso, y si te pasas tu vida haciendo acciones ineficientes, toda tu vida será un fracaso.

Mientras más cosas hagas, peor será para ti, si todas tus acciones son ineficientes.

Por otro lado, cada acción eficiente es un éxito en sí misma, y si cada acto de tu vida es eficiente, toda tu vida SERÁ un éxito.

La causa del fracaso se debe a hacer demasiadas cosas de manera ineficiente y en no hacer suficientes cosas de una manera eficiente.

Verás que es una proposición auto-evidente que si no haces ninguna acción ineficiente y haces un número suficiente de acciones eficientes, te harás rico. Si es posible para ti hacer de cada acción una eficiente, verás nuevamente que la consecución de riquezas se reduce a una ciencia exacta, así como las matemáticas.

La Ciencia de Hacerse Rico
Traducción del Rev. Roberto Sánchez

El asunto se convierte en una cuestión de si puedes o no, hacer que cada acción independiente sea un éxito en sí misma. Y, esto lo puedes hacer con seguridad.

Puedes hacer de cada acto un éxito, porque el Infinito está trabajando contigo, y el Infinito no puede fallar.

El Poder Supremo está para servirte. Para hacer cada acto eficiente, sólo tienes que poner tu propio poder en él.

Cada acción es fuerte o débil. Cuando todas son fuertes, estás actuando de la Manera Infalible la cual te hará rico.

Cada acto puede ser hecho fuerte y eficiente sosteniendo tu visión mientras lo haces y poniendo todo el poder de tu FE y DETERMINACIÓN en él.

En este punto es que fracasan las personas que separan el poder mental de la acción personal. Ellos utilizan el poder de la mente en un lugar y en una hora, y actúan en otro lugar a otra hora. Por consiguiente, sus acciones no son exitosas en sí mismas; muchas de ellas son ineficientes. Pero si pones al Poder Supremo en cada acto, sin importar cuán común o habitual sea, cada acción será un éxito en sí misma. Y es ley natural que cada éxito abre el camino para otros éxitos. Tu progreso hacia lo que deseas, y el progreso de lo que deseas para ti se realizará con creciente rapidez.

Recuerda que la acción exitosa es acumulativa en sus resultados. Puesto que el deseo de mayor vida es inherente en todas las cosas, entonces cuando una persona comienza a moverse a una vida mayor, más cosas se sujetan a ésta, y la influencia de su deseo se multiplica. [Esto es así porque el deseo por la vida es inherente a todas las cosas.]

Haz todos los días, todo lo que puedas hacer ese día, y haz cada acto de una manera eficiente.

Al decir que debes sostener tu visión mientras haces cada acto – no importa si es trivial o común – no estoy diciendo que es necesario ver todas las veces la visión claramente con sus más mínimos detalles. Durante tu tiempo de ocio, debes enfocar tu imaginación en los detalles de tu visión para fijarla firmemente en tu memoria [subconsciente]. Si deseas resultados más rápidos, invierte todo tu tiempo de ocio en este ejercicio.

Mediante la contemplación continua fijarás tan firmemente en tu mente la imagen con sus más mínimos detalles de lo que deseas y la transferirá completamente a la mente de la Substancia Informe. Entonces, en tus horas laborables, sólo necesitas referirte mentalmente a la imagen para estimular tu fe y determinación y para impulsar tu mejor esfuerzo. Contempla tu imagen durante tu tiempo de ocio hasta que tu conciencia esté tan llena de ésta que puedas agarrarla instantáneamente. Te volverás tan entusiasta con sus brillantes promesas que el mero pensar acerca de ella hará surgir las energías más potentes de todo tu ser.

Vamos a repetir nuestro plan de estudios, y vamos a traerlo al punto que hemos alcanzado en este momento cambiando ligeramente las declaraciones finales.

Existe una Substancia Pensante de la cual todas las cosas proceden, y que en su estado original, impregna, penetra, y llena los entre-espacios del Universo.

Un pensamiento [impreso] en esta Substancia produce la cosa que es moldeada por el pensamiento.

Una persona puede moldear cosas con su pensar, e imprimiendo su pensar sobre la Substancia Informe, puede crear la cosa que piensa.

Para hacer esto, la persona debe moverse de la mente competitiva a la mente creativa. Debe de crear una imagen clara de las cosas que desea, y debe hacer – con fe y determinación – todo lo que se pueda hacer cada día, haciendo cada cosa independientemente de una manera eficiente.

Preguntas de Ayuda

1. Debes comenzar a hacer lo que puedas hacer ahí donde estás. Discute.

2. ¿Cómo podemos progresar?

3. ¿Qué ocurre cuando las personas no llenan sus puestos de trabajo?

4. ¿Cómo avanzan y progresan las sociedades?

5. ¿Qué causa la evolución en el reino animal?

6. ¿Por qué es importante hacer de cada día uno exitoso?

7. ¿Qué se requiere de cada acción independiente en el proceso de hacernos ricos?

8. ¿Cuál es la causa del fracaso?

9. ¿Cómo podemos reducir la consecución de riquezas a una ciencia exacta?

10. ¿Qué debemos hacer para que cada acción sea un éxito en sí misma?

NOTAS

Capítulo 13

Entrando en el Negocio Correcto

EL ÉXITO, en cualquier negocio en particular, depende por lo menos, de poseer las facultades requeridas para ese negocio en condiciones bien desarrolladas.

Sin una buena aptitud musical nadie puede triunfar como maestro de música. Sin habilidades mecánicas excepcionales nadie puede alcanzar gran éxito en ninguno de los negocios de la mecánica. Sin tacto y una aptitud para el comercio, nadie puede triunfar en la actividad mercantil. Pero poseer en condiciones bien desarrolladas las competencias que se requieren en tu vocación o profesión particular no garantiza hacerte rico. Existen músicos con gran talento y que todavía siguen siendo pobres. Existen herreros y carpinteros que poseen excelentes habilidades mecánicas, que no se hacen ricos. Y, existen mercaderes con buenas destrezas para tratar con personas que no obstante fracasan.

Las distintas facultades son herramientas. Es esencial tener buenas herramientas, pero también es esencial que las herramientas sean utilizadas correctamente. Una persona puede tomar un serrucho afilado, una escuadra, y un buen plano, y construir un mueble elegante. Otra persona puede tomar las mismas herramientas y prepararse a trabajar para duplicar el mueble, pero su producción será una chapucería. Esta persona no sabe cómo utilizar herramientas buenas de una manera exitosa.

Las distintas facultades de tu mente son las herramientas por medio de las cuales debes hacer el trabajo que habrá de hacerte rico. Será más fácil para ti tener éxito si entras en un negocio para el cual estás bien equipado con herramientas mentales.

Hablando en términos generales, te desempeñarás mejor en ese negocio que utilice tus más fuertes facultades – aquellas que por su naturaleza son las que 'mejor se amoldan a ti'. Pero también hay limitaciones en esta declaración. Nadie debe considerar que su vocación es irrevocablemente fija por causa de sus destrezas innatas.

Puedes hacerte rico en CUALQUIER negocio porque si no posees el talento que se requiere para éste, puedes desarrollar ese talento. Esto significa sencillamente, que tendrás que hacer tus herramientas a medida que avanzas, en lugar de limitarte al uso de aquellas que son innatas. Será más fácil para ti triunfar en una vocación en la cual ya tienes tus talentos bien desarrollados. Pero puedes tener éxito en cualquier vocación porque puedes desarrollar cualquier talento rudimentario, y no existe talento alguno del que tú no poseas al menos una cantidad mínima.

Te harás rico más fácilmente si haces aquello para lo cual estás mejor equipado. Pero, te harás rico más satisfactoriamente si haces eso que DESEAS hacer.

Hacer lo que deseas es vida. Y, no hay satisfacción real en vivir si estamos obligados eternamente a hacer algo que no nos gusta hacer y no logramos hacer eso que deseamos hacer. Y, es cierto que puedes hacer lo que deseas; tu deseo de hacerlo es prueba de que tienes el poder dentro de ti de *hacerlo*.

El deseo es una manifestación de poder.

El deseo de tocar música es un poder buscando expresión y desarrollo. El deseo de inventar dispositivos mecánicos es también un poder buscando expresión y desarrollo.

Donde no hay poder – sea éste desarrollado o sin desarrollar – para hacer algo, nunca hay deseo alguno de hacer tal cosa. Donde hay un fuerte deseo de hacer algo, es prueba contundente que el poder para hacerlo es fuerte y sólo necesita ser desarrollado y aplicado de la manera correcta.

En igualdad de condiciones, es mejor seleccionar un negocio para el cual tienes el talento más desarrollado. Pero, si tienes un fuerte deseo de entrar en una actividad en particular, debes seleccionar ese trabajo como el objetivo máximo.

Debido a que puedes hacer lo que desees, es tu derecho y privilegio seguir el negocio o vocación que te sea más agradable y placentero.

No estás obligado a hacer lo que no deseas hacer y no debes hacerlo a menos que esto sea un medio para llevarte al trabajo que deseas.

Si ha habido errores pasados cuyas consecuencias te han colocado en un ambiente o negocio indeseable, podrías estar obligado a hacer lo que no te gusta por un tiempo. Pero puedes hacer agradable lo que estés haciendo temporalmente sabiendo que eso está haciendo posible que llegues a hacer lo que deseas hacer.

Si sientes que no estás en la vocación correcta, no actúes precipitadamente para tratar de entrar en otra. Generalmente, la mejor manera de cambiar de un negocio o medioambiente es por medio del crecimiento.

No tengas miedo en llevar a cabo un cambio radical si la oportunidad se presenta y si sientes que es la oportunidad propicia después de considerarlo cuidadosamente. Pero, nunca tomes una acción radical o precipitadamente cuando tengas dudas en cuanto a si es sabio o no hacerlo.

Nunca hay prisa en el plano creativo. Y no hay falta de oportunidades.

Cuando salgas de la mente competitiva, entenderás que nunca tienes que actuar precipitadamente. Nadie más te va a derrotar en eso que deseas hacer. Hay suficiente para todos. Si se ocupa un lugar, otro mejor aún se abrirá más adelante. Hay suficiente tiempo. Cuando tengas dudas, espera. Quédate contemplando tu visión y aumenta tu fe y determinación. Y, por supuesto, en tiempos de duda e indecisión cultiva la gratitud.

Un día o dos que inviertas contemplando la visión de lo que deseas, con la más profunda gratitud porque lo estás obteniendo, hará que tu mente entre en una estrecha relación con el Infinito. Y no habrás de cometer ningún error cuando actúes.

Existe una Mente que sabe todo lo que hay que saber. Y si sientes profunda gratitud, puedes entrar en unidad con esa Mente por medio de la fe y la determinación para progresar en la vida.

Los errores vienen como consecuencia de actuar precipitadamente o de actuar con miedo o duda olvidando los Motivos Correctos – los cuales son más vida para todos y menos para nadie.

Mientras procedas de la Manera Infalible, las oportunidades te llegarán de manera creciente. Deberás ser constante en tu fe y determinación y mantenerte en contacto cercano con el Poder Supremo mediante una actitud reverente.

Haz todo lo que puedas hacer de manera perfecta todos los días, pero hazlo sin prisa, sin preocupación, ni miedo. Ve tan lejos como puedas, pero nunca con prisa.

Recuerda que en el momento en que empiezas a apresurarte, cesas de ser un creador y te conviertes en un competidor. Vuelves a caer en el antiguo plano otra vez. Siempre que te encuentres deprisa, detente. Centra tu atención en la imagen mental de lo que deseas y comienza a dar gracias porque lo estás obteniendo. Este ejercicio de GRATITUD nunca fallará en fortalecer tu fe y renovar tu propósito.

Preguntas de Ayuda

1. ¿De qué depende el éxito en cualquier negocio particular?

2. ¿Existe alguna garantía de que poseyendo las competencias requeridas para una vocación o profesión particular uno pueda hacerse rico?

3. ¿Qué se necesita para tener éxito?

4. ¿Podemos hacernos rico en cualquier negocio?

5. ¿Cómo podemos hacernos ricos más fácilmente?

6. ¿Cómo podemos hacernos ricos más satisfactoriamente?

7. ¿Podemos hacer lo que deseamos? ¿Cuál es la prueba que tenemos?

8. ¿Qué relación existe entre el poder y el deseo?

9. ¿Cuál debe ser nuestra actitud si estamos en un ambiente o negocio indeseable?

10. ¿Cuál es la mejor manera de cambiar de negocio?

11. ¿Qué encontramos cuando entramos a laborar en el plano creativo?

12. ¿Qué debemos hacer en tiempos de duda e indecisión?

13. ¿Cómo podemos unificarnos a la Mente que lo sabe todo?

14. ¿Cuáles son los Motivos Correctos para actuar?

15. ¿Qué ocurre en el momento que comenzamos a apresurarnos por hacer las cosas? ¿Qué debemos hacer en cambio?

Capítulo 14

La Impresión de Aumento

Cambies o no tu vocación o tu profesión, tienes que dirigir tus acciones presentes al negocio al que te dedicas en la actualidad.

Puedes entrar en el negocio que desees haciendo un uso constructivo del negocio en que estás establecido – haciendo tu trabajo diariamente de la Manera Infalible.

Y, en la medida en que tu negocio consista en tratar con otras personas – personalmente, por teléfono, o por correspondencia – el pensamiento clave de todos tus esfuerzos debe ser transmitir a sus mentes la Impresión de Aumento.

Aumento es lo que todas las personas están buscando. Es el impulso de la Inteligencia Informe dentro de cada cual, para encontrar mayor expresión.

El deseo de aumento es inherente en toda la naturaleza. Es el impulso fundamental del Universo. Todas las actividades humanas están basadas en el deseo de aumentar algo. Las personas están buscando más alimento, más vestimenta, mejor albergue, más lujo, más belleza, mayor conocimiento, más placer – más vida.

Toda cosa viviente está bajo la necesidad de progreso continuo. Dondequiera que el aumento de vida cese, la muerte y la disolución se instalan inmediatamente.

Las personas saben esto instintivamente y por tanto, siempre están buscando más. Esta ley de aumento perpetuo está expuesta por Jesús en la parábola de los talentos: "Porque al que tiene, le será dado y tendrá más; y al que no tiene, aún lo que tiene le será quitado." (Mateo 25:29)

El deseo normal de aumento en riquezas no es algo malo ni recriminable. Es sencillamente el deseo de una vida más abundante. Es aspirar.

Y, debido a que en sus naturalezas éste es el más profundo de los instintos, todos los hombres y mujeres son atraídos al individuo que puede darles más de los medios de vida.

Al seguir la Manera Infalible – según se describe en las páginas siguientes – estarás consiguiendo aumento continuo para ti, y se lo estarás dando a todas las personas con las que trates. Eres un centro creativo del cual se le da aumento a todo.

Ten la seguridad de este hecho, y transmite la seguridad de esto a todo hombre, mujer y niño con los que entres en contacto. No importa cuán pequeña sea la transacción- aunque sea vendiendo un dulce a un niño –pon en esta transacción la idea de aumento y asegúrate de que el cliente sea impresionado con ese pensamiento.

Transmite la impresión de progreso en todo lo que haces, de manera que las personas reciban la impresión de que eres una persona de progreso y que todos lo que tratan contigo progresan. Y a las personas con las cuales te reúnes socialmente, sin ningún fin comercial, también dales el pensamiento de aumento.

Puedes transmitir esta impresión sosteniendo con una fe inquebrantable de que estás en el Camino del Aumento y permitiendo que esta fe inspire, llene y penetre toda acción.

Haz todo lo que haces con la firme convicción de que eres una personalidad de progreso, y que estás dándole progreso a todos.

Siente que estás haciéndote rico, y que al hacerlo así estas haciendo ricos a otros – y que estás confiriendo beneficios a todos.

No hagas alarde, ni te jactes de tu éxito, ni hables acerca de él innecesariamente. La verdadera fe nunca es jactanciosa.

Dondequiera que encuentres a una persona jactanciosa, encuentras a alguien que está secretamente dudosa y temerosa. Sencillamente siente la fe y permite que ella trabaje en todas las transacciones. Permite que cada acto, sonido, y mirada exprese la íntima seguridad de que te estás haciendo rico – de que ya eres rico. Las palabras no serán necesarias para comunicar este sentimiento a otros. Ellos sentirán la sensación de aumento cuando estén en tu presencia, y serán atraídos a ti nuevamente.

Debes impresionar tanto a otros para que sientan que asociándose a ti obtendrán aumento para ellos. Asegúrate de darles a ellos un valor utilitario mayor que el valor monetario que estás obteniendo de ellos.

Si te sientes orgulloso de ser honesto haciendo esto y se lo dejas saber a todos, siempre tendrás clientes. Las personas irán a donde se les dé aumento; y el Poder Supremo – que desea aumento en todo y que todo lo sabe – moverá hacia ti hombres y mujeres que nunca antes sabían de ti. Tu negocio aumentará rápidamente, y te sorprenderás de los beneficios inesperados que llegarán a ti. Serás capaz de hacer mayores combinaciones, para asegurar mayores ventajas, y entrar en una vocación [o profesión] más armoniosa si decides hacerlo así.

Sin embargo, al hacer todo esto, no debes perder nunca de vista tu visión de lo que deseas ni tu fe y determinación de lo que deseas obtener.

Déjame darte otra advertencia con relación a las motivaciones: **cuidado con la tentación insidiosa de buscar poder sobre otras personas.**

Nada es tan agradable para la mente informe o parcialmente desarrollada como el ejercicio de poder o dominio sobre otras personas. El deseo de gobernar por una gratificación egoísta ha sido la maldición del mundo. Por muchos siglos, reyes y lores han saturado la tierra con sangre con sus batallas para extender sus dominios. No han estado envueltos en un esfuerzo para buscar más vida para todos, sino en obtener más poder para ellos.

Hoy día, el motivo principal en el mundo mercantil e industrial es el mismo. Las personas dirigen sus ejércitos de dólares y acaban con la vida y los corazones de millones de personas en la misma lucha frenética por el poder sobre los demás. Líderes comerciales, al igual que los líderes políticos, son inspirados por el ansia de poder.

Jesús observó en este deseo de dominio la fuerza impulsora de ese mundo malo que él pensó derrocar. Lee Mateo 23 y observa cómo El visualizó el deseo de los Fariseos por ser llamados "maestros", y sentarse en los mejores lugares para dominar a otros, y poner cargas sobre las espaldas de los menos afortunados. Observa como Jesús compara este deseo de dominio con los hermanos que buscaban el bien común a los cuales Él llama Sus discípulos.

Cuídate de la tentación de buscar autoridad, de ser maestro, y de ser considerado como alguien por encima de la manada, y de impresionar a otros con una pródiga ostentación.

La mente que busca dominar a otros es la mente competitiva, y la mente competitiva no es la creativa. Para controlar tu medioambiente y tu destino, no es del todo necesario que gobiernes a tus compañeros. Y, ciertamente, cuando caes en la lucha mundana por los mejores lugares, comienzas a ser conquistado por el destino y el medioambiente, y el hacerte rico se convierte en un asunto de oportunidad y especulación.

¡Cuídate del pensamiento competitivo! No se puede formular una mejor declaración del principio de acción creativa que la declaración favorita de la Regla de Oro del difunto Samuel M. Jones de Toledo: "Lo que quiero para mí, quiero para todos."

Preguntas de Ayuda

1. ¿Qué es lo que todas las personas andan buscando? ¿Cómo se describe?

2. ¿Cuál es el impulso fundamental del Universo?

3. ¿En qué están basadas todas las actividades humanas?

4. ¿Cuál es la necesidad de todo ser viviente?

5. ¿Cómo expresó Jesús la ley del aumento?

6. ¿Qué podemos hacer para trasmitir la idea del aumento?

7. ¿Qué podemos hacer para trasmitir la Impresión de progreso?

8. ¿Cómo logramos que las personas que se asocian con uno sientan que están obteniendo aumento?

9. ¿Qué ocurre cuando hacemos esto?

10. ¿Qué resultados trae el buscar poder sobre otras personas?

11. ¿De qué debemos cuidarnos?

12. ¿Cuál es la regla de oro según el difunto Samuel M. Jones de Toledo? ¿Cuál es la regla de oro según el Evangelio de San Mateo?

Capítulo 15

La Persona Progresista

Lo que he dicho en el último capítulo aplica para el profesional y para el asalariado, al igual que para la persona que está dedicada a los negocios mercantiles.

No importa si eres médico, maestro o clérigo, si puedes dar crecimiento de vida a otros y hacerlos sensibles a esta dádiva, ellos serán atraídos a ti, y te harás rico. El médico que sostiene una imagen de sí mismo como un gran y exitoso sanador – y que trabaja para la realización total de esa visión con fe y determinación – vendrá a estar en contacto tan cercano con el Infinito que será fenomenalmente exitoso. Los pacientes vendrán a él en multitudes.

Nadie tiene mejor oportunidad de llevar a la práctica las enseñanzas de este libro que el que practica la medicina. No importa a cual de las escuelas él pueda pertenecer, ya que el principio de sanación es común a todos y puede ser alcanzado por todos. La persona progresista en la medicina – que sostiene una imagen mental clara de sí misma como exitosa y que obedece la ley de la fe, determinación y gratitud – curará todos los casos de curación que tome, sin importar los remedios que pueda utilizar.

En el campo de la religión, el mundo clama por el clérigo que pueda enseñar a sus seguidores la ciencia verdadera de la vida abundante. Una persona que domine los detalles de la Ciencia de

Hacerse Rico – junto con las ciencias aliadas del bienestar, de la grandeza, y de ganar amor – y que enseñe estos detalles desde el púlpito, nunca le faltará una congregación. Estas son las buenas nuevas que el mundo necesita. Estas darán crecimiento de vida. Las personas las escucharán gustosamente y darán un apoyo incondicional a la persona que se las proporcione.

Lo que se necesita en este momento es una demostración de la ciencia de la vida desde el púlpito. Queremos predicadores que no sólo nos digan cómo, sino que lo demuestren en su propia persona. Necesitamos al predicador que es rico, saludable, grandioso, y amoroso, para que nos enseñe cómo alcanzar estas cosas. Y, cuando venga esa persona, ella encontrará una cantidad leal y numerosa de seguidores.

Lo mismo es cierto del maestro que pueda inspirar a los niños con fe y determinación de vida progresista. Esa persona nunca se quedará sin empleo. Y los maestros que tengan esta fe y determinación, se las pueden dar a sus alumnos. No pueden evitar dárselos si esto es parte de su propia vida y práctica.

Lo que es verdad acerca del maestro, predicador, y médico es también verdad del abogado, dentista, el corredor de bienes raíces, el agente de seguros y – de todos. La acción mental y personal combinada que he descrito es infalible. No puede fallar. Toda persona que sigue estas instrucciones consistentemente, perseverantemente, al pie de la letra se hará rica. La ley de vida creciente es tan matemáticamente segura en su operación como la ley de gravedad. El hacerse rico es una ciencia exacta.

El asalariado también encontrará que esto es cierto. No sientas que no tienes oportunidad de hacerte rico porque estés trabajando donde no haya una oportunidad visible para progresar – donde los salarios son bajos y el costo de la vida es alto. Forma una imagen mental clara de lo que deseas y comienza a actuar con fe y determinación.

Haz todo lo que puedas hacer todos los días, y realiza cada parte de tu trabajo de manera perfectamente exitosa. Emplea el poder del éxito y la determinación de hacerte rico en todo lo que hagas.

Sin embargo, no hagas esto meramente con la idea de ganarte el favor de tu empleador en la expectativa de que éste, o aquellos que están por encima de ti, vean tus buenas obras y te promuevan. Es poco probable que lo hagan.

La persona que es meramente un buen empleado – que ocupa su lugar usando sus habilidades al máximo y que está satisfecho con eso – es valioso para su empleador. No es del interés del empleador promoverlo. El vale más donde está.

Para asegurar el progreso, no basta con estar más que capacitado en tu puesto; algo más es necesario.

La persona que ha de progresar seguramente es aquella que está sobre-capacitada en su puesto y que tiene un concepto claro de lo que desea ser – que sabe que puede ser lo que desee ser y que está determinada a SER lo que quiere ser.

No trates de sobrellevar tu posición actual con la idea de complacer a tu empleador. Hazlo con la idea de progresar tú mismo. Mantén la fe y la determinación de crecer durante horas laborables, después de horas laborables, y antes de las horas laborables. Mantenlo de forma tal que cada persona con la cual estés en contacto – sea éste un capataz, un compañero de trabajo, o una persona conocida –

sentirá el poder de tu determinación radiando de ti. Mantén la fe y la determinación de manera tal que todos obtengan la sensación de progreso y aumento de ti. Las personas serán atraídas hacia ti y si no hay posibilidad de progreso en tu empleo actual, muy pronto verás una oportunidad de tomar otro empleo.

Hay un Poder que nunca falla que ofrece oportunidades a la persona progresista que se mueve en obediencia a la ley.

Dios no puede dejar de ayudarte si actúas de la Manera Infalible. Él debe hacerlo así para ayudarse a Sí mismo.

No hay nada en tus circunstancias ni en el sector industrial que te limite. Si no puedes hacerte rico trabajando para una empresa, te puedes hacer rico en una finca de diez acres. Y si comienzas a moverte de la Manera Infalible, ciertamente escaparás de las garras de los conglomerados y te irás a la finca o dondequiera que desees estar.

Si varios miles de sus empleados comenzaran a actuar de la Manera Infalible, la empresa pronto estaría en una situación difícil. Tendría que darles a sus empleados mayores oportunidades o salirse del negocio. Nadie tiene que trabajar por una paga inadecuada. Las empresas pueden mantener a los empleados en situaciones desesperadas siempre y cuando haya personas que sean tan ignorantes y desconozcan la Ciencia de Hacerse Rico – o intelectualmente demasiado perezosos para practicarlo.

Comienza a pensar y actuar de esta Manera [Infalible], y tu fe y determinación te permitirán ver rápidamente cualquier oportunidad para mejorar tu situación.

Tales oportunidades vendrán con rapidez porque el Poder Supremo, obrando en TODO y obrando para ti, traerá oportunidades para ti.

No esperes que una oportunidad sea todo lo que deseas que sea. Cuando se presenta una oportunidad de ser más que lo que eres en este momento y te sientas atraído hacia ella, agárrala. Será el primer paso hacia una mayor oportunidad.

No existe cosa tal en el Universo como escasez de oportunidades para una persona que está viviendo la vida progresista.

Inherente en la constitución del cosmos es que todas las cosas deben ser para la persona progresista y que deben trabajar juntas para su bien. Y ésta, ciertamente se hará rica si actúa y piensa de la Manera Infalible. De modo que, permitamos que los hombres y mujeres asalariados estudien este libro cuidadosamente y entren con confianza en el curso de acción que receto. No fallará.

Preguntas de Ayuda

1. ¿Qué necesita el médico para tener éxito?

2. ¿Qué necesita el clérigo para ser exitoso?

3. ¿Qué necesita el maestro para tener éxito?

4. ¿Qué necesita el asalariado para progresar?

5. Aparte de la capacidad de desempeño, ¿qué más se necesita para asegurar el progreso?

6. ¿Qué debemos hacer para atraer a las personas?

7. ¿Existe algo que nos limite?

8. ¿Cómo nos llegan las oportunidades?

9. ¿Hay escasez de oportunidades?

10. "Inherente a la constitución del cosmos es que todas las cosas deben ser para la persona progresista y que deben trabajar juntas para su bien." Busque una cita bíblica que exprese este mismo principio.

Capítulo 16

Algunas Precauciones y Observaciones Concluyentes

Muchas personas se mofarán de la idea de que existe una ciencia exacta de hacerse rico. Sosteniendo la impresión de que la provisión de riqueza es limitada, ellos insistirán que las instituciones sociales y gubernamentales deben ser modificadas antes de que un número considerable de personas puedan ser competentes [y hacerse ricos].

Pero, esto no es verdad.

Es verdad que gobiernos existentes mantienen a las masas en la pobreza, pero esto es porque las masas no piensan ni actúan de una Manera Infalible. Si las masas comenzaran a progresar de acuerdo con mis sugerencias, ni los gobiernos ni la industria podrían detenerlos. Todos los sistemas tendrían que ser modificados para adaptarse a este movimiento progresista.

Si las personas tuviesen una mente progresista y tuviesen fe de que pueden hacerse ricas y prosiguieran adelante con el firme propósito de hacerse ricas, posiblemente nada pudiese mantenerlas en la pobreza.

Individuos podrían comenzar a pensar y a actuar de la Manera Infalible – en cualquier momento bajo cualquier gobierno – y hacerse ricos. Y cuando un número considerable de individuos así lo hiciesen bajo cualquier gobierno, ellos causarán que se modifique el sistema para que se abra el camino para otros.

Mientras más personas se hagan ricas en el plano competitivo, peor para los demás. Mientras más se hagan ricos en el plano creativo, mejor para los demás.

La salvación económica de las masas sólo puede ser lograda exhortando a un gran número de personas a hacerse ricas practicando el método científico establecido en este libro. Estas personas les mostrarán a otras la forma y los inspirarán con un deseo de vida real – con la fe de que se puede lograr y con la determinación para alcanzarlo.

Sin embargo, por el momento es suficiente saber que ni el gobierno bajo el cual vives ni el sistema capitalista o competitivo de la industria puede impedir que te hagas rico. Cuando entres en el plano creativo del pensamiento, te levantarás sobre todas estas cosas y serás ciudadano de otro reino.

Pero, recuerda que tu pensamiento debe mantenerse en el plano creativo. No habrás de considerar la provisión como limitada o actuar de una manera competitiva.

Cada vez que caigas en viejos patrones de pensamiento, corrígete instantáneamente, porque cuando estás dentro de la mente competitiva, has perdido la cooperación del Poder Supremo.

No inviertas tiempo planificando cómo enfrentarás posibles emergencias en el futuro, a excepción de políticas necesarias que puedan afectar tus actividades en el presente. Debes ocuparte en hacer el trabajo de hoy en una manera perfectamente exitosa – no con las emergencias que puedan surgir en el mañana. Puedes atenderlas a medida que vayan llegando.

No te preocupes con interrogantes de cómo vencerás los obstáculos que puedan emerger dentro de tu horizonte comercial. Ignora estas interrogantes a menos que sencillamente puedas ver que tu curso deba ser alterado hoy para evitar estos obstáculos.

No importa cuán grande sea el obstáculo que pueda aparecer en la distancia, verás que si continúas de la Manera Infalible, éste desaparecerá a medida que te le acercas – o aparecerá un camino que puedas transitar por encima, a través o alrededor del obstáculo.

No hay combinación alguna de circunstancias que puedan derrotar a una persona que está procediendo a hacerse rica a lo largo de medidas estrictamente científicas. Ninguna persona que obedezca la ley puede fallar en hacerse rico – como tampoco se puede fallar en obtener cuatro multiplicando dos por dos.

No te pongas ansioso pensando en posibles desastres, obstáculos, temores, o combinaciones desfavorables de circunstancias. Hay tiempo suficiente para enfrentar tales cosas cuando se presenten ante ti en el presente inmediato. Encontrarás que cada dificultad lleva consigo los medios para su vencimiento.

Cuida tu palabra. Nunca hables de ti, de tus asuntos, o de cualquier otra cosa de una manera desalentadora o derrotista.

Nunca admitas la posibilidad de fracaso o hables en una manera que implique fracaso como una posibilidad.

Nunca hables de que los tiempos sean difíciles o que las condiciones de negocios sean inseguras. Los tiempos pueden ser difíciles y las condiciones comerciales inseguras para aquellos que están en el plano competitivo, pero éstas nunca serán así para ti. Puedes crear lo que quieras, y estarás por encima del temor.

Cuando otros estén pasando por tiempos difíciles y malos negocios, encontrarás tus más grandes oportunidades.

Adiéstrate a pensar y a ver el mundo como algo que está incorporándose – que está en crecimiento – y a considerar el mal aparente como algo que no está desarrollado. Siempre habla en términos de progreso. De otro modo sería negar tu fe, y negar tu fe es perderla.

Nunca permitas sentirte deprimido. Podrías esperar tener algo en particular en un momento específico y no obtenerlo en ese momento. Esto parecería ser un fracaso. Pero si mantienes tu fe, encontrarás que el fracaso es sólo aparente.

Prosigue de la Manera Infalible, y si no recibes esa cosa, recibirás algo mucho mejor donde verás que el aparente fracaso fue el preludio para un gran éxito.

Un estudiante de la Ciencia de Hacerse Rico tenía pensado entrar en cierto tipo de negocio el cual, a su tiempo, parecía ser muy deseable. El trabajó por varias semanas para llevarlo a cabo. Cuando vino el momento crucial, el negocio fracasó de manera totalmente inexplicable. Fue como si una influencia invisible hubiese obrado secretamente en su contra. El no se desilusionó. Por el contrario, él le dio gracias a Dios que su deseo había sido denegado y continuó consistentemente con un corazón agradecido. En unas pocas semanas, una oportunidad mejor le llegó de manera tal, que ahora después de haber visto los resultados, si volviese a tener la oportunidad no realizaría el primer negocio. El vio que una Mente que sabía más que él había evitado que él perdiese un bien mayor envolviéndose con lo menor.

Esa es la manera en que todo aparente fracaso obrará para ti – si mantienes tu fe, mantienes tu determinación, estás agradecido, y cada día, haces todo lo que puede hacerse ese día, realizando independientemente cada acción de manera exitosa.

Cuando fracasas, es porque no has pedido suficiente. Sigue adelante y algo más grande de lo que estabas buscando ciertamente vendrá a ti. Recuerda esto.

No fracasarás porque te falte el talento necesario para hacer lo que deseas hacer. Si continúas como te he instruido, desarrollarás todo el talento necesario para hacer tu trabajo.

No está dentro del alcance de este libro tratar con la ciencia de cultivar talento. Pero es tan seguro y simple como el proceso de hacerse rico.

Sin embargo, no vaciles o titubees por temor a que cuando estés en cierta posición fracasarás por falta de habilidad. Sigue adelante, y cuando llegues a esa posición, la habilidad te será provista. La misma Fuente de Habilidad, que permitió al Lincoln sin educación formal hacer la labor más grande que jamás se haya hecho en el gobierno por un solo hombre, está disponible para ti. Puedes extraer de la Sabiduría Infinita todo lo que necesitas para cumplir con las responsabilidades que te han sido dadas. Prosigue con fe total.

La Ciencia de Hacerse Rico
Traducción del Rev. Roberto Sánchez

Estudia este libro. Hazlo tu compañero constante hasta que domines todas las ideas contenidas aquí. Mientras estés consiguiendo establecerte firmemente en esta fe, harás bien en dejar la mayoría de las recreaciones y placeres y permanecer lejos de lugares donde ideas conflictivas sean presentadas en charlas y sermones. No leas literatura pesimista o conflictiva ni te envuelvas en discusiones sobre estos temas. Limítate a leer sólo las obras de los autores mencionados en el prefacio. Invierte la mayor parte de tu tiempo ocioso contemplando tu visión, cultivando la gratitud, y en la lectura de este libro. Este contiene todo lo que necesitas saber de la Ciencia de Hacerse Rico. Y encontrarás todos los principios básicos resumidos en el siguiente capítulo.

Preguntas de Ayuda

1. ¿Es cierto que las instituciones sociales y gubernamentales deben ser modificadas para que las personas puedan hacerse ricas?

2. ¿Por qué los gobiernos mantienen a las masas en la pobreza?

3. ¿Qué pasaría si las masas comenzaran a pensar y a actuar de la Manera Infalible?

4. ¿En dónde reposa la salvación económica de las masas?

5. ¿Existe algo que nos impida hacernos ricos?

6. ¿En qué plano debemos mantenernos?

7. ¿Qué ocurre cuando actuamos dentro de la mente competitiva?

8. ¿Debemos planificar para posibles emergencias en el futuro?

9. ¿Qué ocurrirá con los obstáculos si continuamos actuando de la Manera Infalible?

10. ¿Debemos ponernos ansiosos pensando en posibles desastres?

11. ¿Cuál es la mejor manera de enfrentar los obstáculos?

12. ¿Cómo deben ser nuestras palabras?

13. ¿Cómo debemos pensar y ver el mundo?

14. ¿Por qué fracasamos?

15. ¿Podemos fracasar en posiciones de mayor envergadura por falta de talento o habilidades si seguimos actuando de la Manera Infalible?

Capítulo 17

Resumen de la Ciencia de Hacerse Rico

Existe una Substancia Pensante de la cual todas las cosas proceden, y que en su estado original, impregna, penetra, y llena los entre-espacios del Universo.

Un pensamiento [impreso] en esta Substancia produce la cosa que es moldeada por el pensamiento.

Una persona puede moldear cosas con su pensar, e imprimiendo su pensar sobre la Substancia Informe, puede crear la cosa que piensa.

Para hacer esto, la persona debe moverse de la mente competitiva a la mente creativa. De lo contrario, no podrá estar en armonía con la Inteligencia Informe, que siempre es creativa y nunca competitiva en espíritu.

Una persona puede entrar en completa armonía con la Substancia Informe albergando un vivo y sincero sentido de gratitud por las bendiciones que les son conferidas. La gratitud unifica la mente de una persona con la Mente Pensante de manera tal que los pensamientos de un individuo son recibidos por la Substancia Informe. Una persona puede permanecer en el plano creativo solo unificándose a sí misma con la Inteligencia Informe mediante un profundo y continuo sentimiento de gratitud.

Un individuo debe crear una imagen mental clara y específica de las cosas que desea tener, hacer o ser. Y, debe sostener esta imagen en sus pensamientos mientras está profundamente agradecido al Poder Supremo por concederle todos sus deseos. La persona que desea hacerse rica debe invertir sus horas de ocio contemplando Su Visión y en la más sincera acción de gracias de que esta realidad le está siendo otorgada. No podemos enfatizar más en la importancia de contemplar frecuentemente la imagen mental – unido a una fe inquebrantable y gratitud devota. Este es el proceso mediante el cual se hace una impresión en la Substancia Informe y se ponen en movimiento las fuerzas creativas.

La energía creativa opera a través de canales establecidos de crecimiento natural y mediante el presente orden social e industrial. Todo lo que está incluido en su imagen mental le llegará con seguridad a la persona que sigue mis instrucciones y cuya fe no flaquee. Lo que la persona desea le vendrá mediante métodos establecidos en la industria y el comercio.

Una persona debe estar activa para recibir lo que le pertenece cuando eso le llegue. Y esta actividad sólo debe consistir en sobrellenar o sobrepasar su posición actual. Debe más que llenar su lugar actual. Debe mantener en mente que el Propósito es hacerse rico mediante la realización de su imagen mental. Debe hacer cada día todo lo que pueda hacer ese día – cuidando de hacer cada acto de una manera exitosa. La persona le debe dar a cada cual un valor utilitario en exceso del valor monetario que recibe – de modo que cada transacción contribuya a mayor vida. Y, debe sostener el pensamiento progresista de modo que la impresión de aumento sea comunicada a todos con los cuales él entra en contacto.

Las personas que practiquen las instrucciones mencionadas anteriormente con seguridad se harán ricas. Y, las riquezas que reciben son en proporción exacta con la precisión de su visión, la determinación de su propósito, la consistencia de su fe y la profundidad de su gratitud.

Fin.

Preguntas de Ayuda

1. Escribe en tus propias palabras un resumen de la Ciencia de Hacerse Rico.

2. ¿Crees que el estudio de este libro te ofrece más en valor utilitario de lo que pagaste en valor monetario?

3. ¿Puedes describir qué significa para ti pensar y actuar de la Manera Infalible?

4. ¿Te comprometerás a pensar y actuar de la Manera Infalible?

5. ¿Qué acciones específicas vas a tomar para hacerte rico?

6. ¿Tienes una idea del negocio en el cual vas a entrar para hacerte rico?

7. ¿En dónde estará tu campo de acción: en el plano competitivo o en el plano creativo?

Breinigsville, PA USA
16 September 2010
245590BV00005B/52/P